Über dieses Buch

In elf kleinen Erzählungen läßt die Autorin mehr als nur ein gutes Haar an den Männern. Die witzig und in feuilletonistischer Manier geschriebenen Geschichten erzählen u. a. von den »bleibenden Eindrücken«, die männliche Wesen schon bei den Kleinstfrauen im zarten Alter von drei Jahren hinterlassen, von späteren Eindrücken ganz zu schweigen. Sie wissen Erwähnenswertes über die »Natur« des Mannes von der grauen Vorzeit bis in die brisante Gegenwart zu berichten, und wie es in der »Höhle des Löwen« oder im Ehestandsgefängnis aussieht, auch das bleibt nicht verborgen.
Alles in allem eine witzige Ehrenrettung des Mannes, ein Lichtblick in der rabenschwarzen Nacht von Frauenemanzipation und vernichtender Kritik am männlichen Geschlecht.

Über die Autorin

Isabella Nadolny, in München als Tochter eines aus Moskau stammenden Kunstmalers geboren, hat sich vor allem als Übersetzerin einen Namen gemacht. Sie heiratete 1941 den Schriftsteller Burkhard Nadolny, der auch sie zum Schreiben ermunterte. Ihre Bucherfolge und einige Preise gaben ihm (und ihr) recht. Isabella Nadolny lebt seit dem Tod ihres Mannes 1968 weiter in ihrem Haus am Chiemsee.

Isabella Nadolny

Soviel über ihn

Immer noch Liebenswertes
an den Männern

Fischer
Taschenbuch
Verlag

Fischer Taschenbuch Verlag
Juli 1981
Ungekürzte Ausgabe
Umschlagentwurf: Jan Buchholz / Reni Hinsch
Fischer Taschenbuch Verlag GmbH, Frankfurt am Main
Lizenzausgabe mit freundlicher Genehmigung
der Franz Ehrenwirth Verlag GmbH & Co. KG, München

Gesamtherstellung: Hanseatische Druckanstalt GmbH, Hamburg
Printed in Germany
580-ISBN-3-596-22509-4

Inhalt

Immer noch . . .

Erfahrungen und Feuilletons haben eines gemeinsam: zwischen ihnen liegt oft viel Zeit. Nach Jahren überlese ich die Seiten des vorliegenden Bändchens. Ist das vor-geschriebene noch das Vorgeschriebene? Hat sich nicht einiges verändert? Nebensächliches? Hauptsächliches?

Rein äußerlich gesehen: Bärte sind kein Ereignis mehr. Die spät-studentenbewegten Revoluzzer haben sich mit der allgemeinen Nostalgie verbunden. Wenn ich einen jungen Mann mißtrauisch beäuge, weil ich nur Augen und Nase in seinem Gesicht sehe, ist er kein Terrorist, sondern der neue Pastor der Gemeinde. Die Sprache hat sich geändert. Wo eben noch der »ausgezeichnete Dr. Meier mit seiner reizenden Gattin sich die Ehre gaben«, tummeln sich heute Chauvies, Softies, Emanzen und Kindfrauen – und alle auf derselben Party.

Die Chauvies (ich hielt das anfänglich für einen neuen Brotaufstrich) ziehen ihre patriarchalische Rolle von anno dazumal durch und äußern zwischen zwei Schlucken lauthals: »Die Weiber wollen doch alle nur das gleiche.« Die Softies (keine Abart des Tempo-Taschentuchs) äußern: »Ich verstehe die Frauen ja sooo gut« und schämen sich der Tränen nicht, obwohl doch »ein tapferer Junge nicht weint«. Die Emanzen (keine Unterordnung der Kerbtiere, auch wenn es sich so anhört) wie auch die Kindfrauen werfen ihre Haare einmal ganz um

sich herum, nehmen den Dauerlutscher aus dem Mund und lassen hören: »Schon 5000 Jahre dieses Theater, ich glaube, ich spinne!«
Aber das sind Nebensächlichkeiten. Wesentlicheres hat sich begeben. Viel seltener hört man den Aufschrei aus gepreßtem Frauenherzen: »Also wißt ihr, im nächsten Leben werde ich ein Mann!« So unvergleichlich besser scheint es nicht mehr zu sein. Aus dem »Mitleid mit den Frauen« beginnt allmählich – in ernsthaften Zeitschriften, in wissenschaftlichen Abhandlungen – das Mitleid mit den Männern zu werden. Die Ärmsten, die im ersten Tanz der Hormone eine unüberlegte Ehe geschlossen haben – bei den neuen Scheidungsgesetzen jetzt haben sie so gut wie lebenslang eine gewaltige Kette am Bein. Nun scheidet sie – wie in der düsteren Gotik – wirklich erst der Tod. Von der Frauenbewegung verunsichert, fragen sich auch die Glücklichen, ob sie ihre Rolle noch richtig spielen.
Viel Gutes ist geschehen. Beim Kampf der Geschlechter etwas zu erstreiten, ist nicht mehr so wesentlich, wie einander zu verstehen. Das patriarchalische »Ach, Unsinn!« ist zu einem »Vorsicht! Nicht drauftreten, hier liegt ein Problem!« geworden. Die vielgelästerte Emanzipation hat manch alten Zopf abgeschnitten. Wer die Oberhand behält und wer wen unterdrückt, wird zwischen einem einzelnen Mann und einer einzelnen Frau nur noch dann diskutiert, wenn sich ihre Beziehung der GmbH-Form schon bedrohlich angenähert hat.
Denn eines, ach, ist geblieben, wie es war: das psychodemokratische Modell fällt in sich zusammen wie ein Omelette soufflé, wenn die Liebe sich einstellt.

Die bleibenden Eindrücke

Irgendwann im Leben, meist schon sehr früh, fällt es einem zum erstenmal auf, daß es Männer gibt. Auf diesen kindlichen ersten Blick werden eigentlich nur zwei Sorten erkennbar. Die erste Sorte ist über zwanzig Jahre alt und wird deshalb zu den Greisen gerechnet. Solche Greise haben jedoch durchaus ihre Qualitäten. Sie können Tiere nachmachen oder den bösen Buh-Mann, sie können mit den Ohren wackeln, sich die Nase abreißen oder den Daumen. Sie sind zur Hand, wenn man sich das Knie aufschlägt und Trost braucht oder zehn Pfennige für eine Kokosstange, und man gewinnt, auf ihren Schultern reitend, neue lohnende Ausblicke auf gewohnte Dinge.

Die zweite Sorte sind die Mit-Kinder. In Gestalt von Brüdern, Vettern und Nachbarssöhnen sind sie schwere Prüfungen des Himmels, besonders wenn sie sich johlend und in Rudeln nähern. Sie sind borstig, unliebenswürdig, voller Schrammen, riechen nach Lederhose und haben lebende Frösche in der Tasche. Läßt man sich je dazu herbei, einer ihrer Aufforderungen zu folgen, wie »Spring mal da 'runter!« oder »Faß mal hierher!«, so fällt man bestimmt in die Brennesseln, oder man bekommt einen elektrischen Schlag. Stets ahmen sie einen quäkend nach, auch dann, wenn man gar nichts Dummes gesagt hat, und biegen sich vor Lachen,

wenn man sein neues Sommerkleid zeigen will. Da sie einen außerdem an den Haaren ziehen, wann immer sie Gelegenheit dazu haben, findet man sie einfach fürchterlich.
So gräßlich man sie auch finden mag, insgeheim beneidet man sie, beneidet sie um ihre rohe Kraft, ihre Erfindungsgabe, ihr überlegenes Getue und ihr Talent beim Zielspucken und Bäumeklettern. Man möchte so sein wie sie und hadert mit dem lieben Gott – daran hat sich bis heute wenig geändert.
Auch heute noch kommt unweigerlich der Tag, wo ein Angehöriger dieses Chors der Rache, womöglich ein rothaariger, sommersprossiger, dem der eine Schneidezahn fehlt, einem im zugigen Torweg nach einer kurzen Verlegenheitspause im Gespräch ein Geldstück in die Faust drückt. »Da«, sagt er barsch, »kauf dir was!«, und dann macht er sich rasch davon.
Dies ist der Wendepunkt! Man steht da und ahnt erschauernd, daß dies nicht hätte geschehen können, wenn man ein Junge wäre. Es scheint, daß die Knaben einen nur so lange verachten, als sie zu mehreren sind. Es ist nur eine Ahnung, aber die erste jener Erfahrungen, die eine Frau zwischen zwei und zweiundachtzig Jahren nie wieder vergißt. Man bindet sich die Haarschleife fester, zieht die verrutschten Ringelsöckchen hoch und verläßt den zugigen Torweg als angehendes Weib. Von Stund an gefallen sie einem, die kleinen Männer, weil man ihre schwache Stelle entdeckt hat, auch wenn sie weiterhin johlend um die Ecke sausen.
Solange die Welt gleich hinter der eigenen Nasenspitze aufhört, sind es nur Äußerlichkeiten, die man an ihnen liebt. Um den Gesamteindruck eines

männlichen Wesens zu erfassen, muß man aber beträchtlich älter sein.
Ich sehe mich noch, achtjährig, mit eiskalten Füßen auf meinem Schlitten an einem Rodelhang sitzen und, anstatt abzufahren, einen großen Jungen anschmachten, weil er eine himmelblaue Skihose trug. Dafür, daß er außerdem bildhübsch war, hatte ich gar keinen Blick. Mich faszinierten die himmelblauen Beinkleider, ja sie gaukelten sogar durch meine Träume, und die strenge Großtante, die mich erzog und vor der ich den Gegenstand meiner Schwärmerei leichthin erwähnte, sah schon schlimme Veranlagungen in mir keimen.
Der zweite Mann, der mir gefiel, trug keine bemerkenswerte Hose. Er war zwölf Jahre alt, häßlich und langweilig, aber er hatte einen gänzlich unerwarteten Reiz: Er hieß Ettore di Tomasi und war der Sohn des italienischen Grünkramhändlers am Markt. Ich schrieb seinen wundervoll klingenden Namen auf jede freie Fläche, im Winter mit langsam tauenden Eiszapfen an sonnenbeschienene Fensterläden und Scheunentore und, als es Frühling wurde, mit dem Blut aus einer Kniewunde in mein Poesiealbum. Die Schrift wurde mit den Jahren grünlich, und wie der Knabe ausgesehen hatte, wußte ich bald nicht mehr. Aber es besteht kein Zweifel, daß das Poesiealbum der richtige Ort für sein Überleben war.
Danach kam eine Zeit, in der mir kein Mann richtig gefiel, es seien denn jene flüchtigen Schemen, die man manchmal durch die beschlagene Scheibe einer Straßenbahn sieht oder die am offenen Fenster des D-Zuges stehen, der in entgegengesetzter Richtung vorüberbraust.

Später dann mußte das in jedem Frauenleben obligate Stadium der Schwärmerei für den Deutschlehrer oder Biologieprofessor überwunden werden, den nichts auszeichnete als eine bestimmte Art, am Fensterkreuz zu lehnen. Da standen wir dann, von unserem Herzklopfen fast zersprengt, in einem Treppenhaus, durch das der Angebetete gelegentlich emporstieg, und nahmen uns vor, edel, hilfreich und gut zu werden, nur weil er auf der Welt war. Heute ist man darin bedeutend sachlicher.
Die Tanzstundenjünglinge, die dann auftauchten, hatten es schwer. Sie mußten gegen die Traumgestalten und die Helden der Kinoplakate antreten, vornehmlich solcher Filme, in die mich Mama noch nicht gehen ließ. So hatten sie nicht nur von vorneherein eine schier unüberwindliche Konkurrenz – sie waren außerdem mangelhaft mit Reizen ausgestattet. Ihre Nickelbrillen, ihre unförmigen Knikkerbockerhosen, dunklen Pullover mit eingestricktem Hirsch und ihre gebüschweise angepflanzten ersten Barthaare ließen mich die Braue verächtlich heben. Auch fühlte ich mich durch ihr Auftreten in Horden in die Zeit der Sandspielkästen und Rollerwettfahrten zurückversetzt. Ging man mit einem von ihnen sonntags in den Stadtpark, so war der schönste Augenblick derjenige, in dem er anrief und einen dazu aufforderte. Nachher wußte man nicht recht, was man zu ihm sagen sollte, und genierte sich. Da war es besser, gemeinsam ein Kino zu besuchen. Ging man aber mit mehreren von ihnen in einen Film, so litt man unter dem Benehmen der ganzen Bande. Sie schienen unfähig, ruhig und gerade auf ihrem Platz zu sitzen, streckten ihre langen Beine überallhin, stützten sich auf die Lehne

des Vordermannes und hielten bei komischen Stellen nicht bis zur Pointe durch, ehe sie losprusteten. Während der Kußszenen schmatzten und blökten sie, und wenn das Licht wieder anging, machten sie zu laute und zu kesse Bemerkungen über den Film, damit ja keiner glaubte, sie seien ergriffen.
In der Tanzstunde selbst – die Gesichter voller Pusteln waren zwar die gleichen, aber der dunkle Anzug und die besseren Manieren wirkten sehr versöhnend – gefielen sie einem etwas besser. Sie waren hier gezwungen, die Gesten der wirklichen Männer nachzuahmen. Es gelang nicht allen gleich gut, aber einigen doch immerhin so, daß man ins Träumen geriet. Natürlich gaben sie selbst keine Traumhelden ab, aber die Tatsache, daß man im Arm eines männlichen Wesens tanzte, ließ einen an die berühmten Gardeleutnants denken, die auf Bällen zu finden gewesen sein mußten, an die Mütter und Tanten sich noch nach dreißig Jahren erinnerten und zu denen unsere Tanzstundenfeste sich verhielten wie etwa die Schönheitskönigin von Kötzschenbroda zur Königin von England. Ach, diese Bälle mußten herrlich gewesen sein, nicht nur wegen des Tanzens, nein, auch wegen des Rahmens, den sie für das etwaige erste Auftreten eines Märchenprinzen abgegeben hätten – eines Märchenprinzen, wie auch wir ihn wider besseres Wissen noch immer erwarteten.
Wir waren noch grün und überschätzten alle »ersten« Dinge gewaltig: den ersten Eindruck, das erste Kennenlernen, den ersten Kuß. Die Ernüchterung folgte mitunter auf dem Fuße. Mein erster Kuß fand auf dem Lande, bei einem Versteckspiel auf dem Heuboden statt, und ich hätte ihn gewiß

genossen, wenn nicht das geladene Schweigen des jungen Mannes und die Tatsache, daß er sichtlich litt, ehe es endlich soweit war, mir einen so peinlichen Eindruck hinterlassen hätten. Wir gingen noch am selben Abend bei Mondschein engumschlungen im Park spazieren, und es war furchtbar unbequem, weil man nicht richtig ausschreiten konnte und sich bei jedem Schritt an der Hüfte des anderen stieß.

Auch was den ersten Blick betrifft, waren wir durch heimlich gelesene Romane verdorben. Es dauerte Jahre, bis wir erkannten, wie sehr es auf den »zweiten« Blick ankommt, die wenigen Ausnahmen abgerechnet, wo der erste Blick tatsächlich zur Liebe auf den ersten Blick führt und sozusagen von Pauken und Trompeten begleitet ist. Aber das geschieht verteufelt selten. Sogar so selten, daß noch nach Jahrtausenden darüber berichtet wird.

Im ersten Buch Mose steht ein solcher Bericht über den berühmten ersten Eindruck. Da schlenderte Isaak ganz harmlos auf dem Felde, er tat nichts, er sagte nichts, er sah einfach nur aus. Aber er sah so aus, daß Rebekka bei seinem Anblick vom Kamel fiel. Erst als sie unten war, fragte sie den Knecht, wer der Herr sei, erschauerte und verhüllte sich. Sie hatte Glück, das Happy-End folgte noch am selben Tage. Auch das ist selten.

Es kann auch schlecht ausgehen: Von Romeo ist nicht bekannt, ob er fabelhaft gut aussah, nur, daß er sich Julia mit der ausgefallenen Bemerkung näherte:

»Entweihet meine Hand verwegen dich,
O Heiligenbild, so will ich's lieblich büßen . . .«

Auch dieser erste Eindruck saß. Er ging weit über all das hinaus, was einem an einem Mann gefallen kann. Julia hätte ein Urteil über die Erscheinung

Romeos wahrscheinlich ebenso empört zurückgewiesen wie der junge Werther, der die Frage: »Wie gefällt Ihnen Lotte?« als Entheiligung bezeichnete. Es gibt auch ebenso berühmte Beispiele dafür, daß der erste Blick ein völliger Fehlschlag war. Die Priesterin Hero fand zunächst gar keinen Gefallen an dem jungen Leander. Er tat ihr nur leid, weil er so naß war, sie hatte Angst um ihn, weil jeden Augenblick jemand Mörderisches hereinstürzen konnte, und außerdem war er sehr frech und ließ sich nicht hinauswerfen. So kam denn eines zum anderen.

Nicht hinauswerfen ließ sich auch der junge Bonaparte bei Josefine Beauharnais. Er gefiel ihr gar nicht. Er war schlampig angezogen, hatte Schuppen auf dem Kragen, und sein Benehmen war stieselig. Der zweite Eindruck war dann besser, und den Rest wissen wir.

Ja, der zweite Eindruck, der sich gewöhnlich an den ersten anschließt, wendet die Sache manchmal zum Guten. Vielleicht darum, weil der erste Blick der Erscheinung, der zweite aber dem Wesen des Mannes gilt? Die Zeit zwischen dem ersten und dem zweiten Blick gibt dem Mann eine Chance. Und wenn er sich unserer Beachtung wert zeigt...

Nein, Rezepte gibt es für solche Fälle nicht. Und nicht bei allen Frauen ist es ein geistvolles Aperçu, das sie einfängt: Ein Gartenschlauch geht kaputt, und ein bisher ganz belangloser Herr kann ihn reparieren, oder der Hund wird krank, und der bis dato Unbeachtete nimmt sich seiner rührend an und trägt ihn zum Tierarzt, oder er findet verständnisvolle Worte, wenn man gerade vor Wut und Kummer platzt und ihm sein Herz ausschüttet; alles mögliche kann es sein, was uns plötzlich für ihn einnimmt. Eine der reichsten Frauen Amerikas, die Tochter von James Gould, hatte jahrelang eine Art Haushofmeister, der sehr höflich und korrekt war und sie auf Reisen chaperonierte. Sie war immerhin schon Mitte dreißig, aber die Sitten waren damals so streng. Er war nicht schön, nicht häßlich und sprach kein unnötiges Wort. Eines Tages fuhr der Sonderzug, in dem Miss Gould reiste, über die falsche Weiche und entgleiste. Es gab Tote und Verwundete. Miss Gould sah erstaunt, ja entzückt, wie der gleichmütige Herr zu einem wahren Engel an Güte wurde, wie er anordnen und organisieren konnte, nicht den Kopf verlor und bescheiden und sanft blieb. Sie heiratete ihn und bereute es niemals. Wie seinerzeit, etwa bei der Anstellung des höflichen Herrn, ihr wirklicher erster Eindruck gewesen war, ließ sich nie mehr feststellen.

Wie schwer fällt es vielen Frauen, sich später des ersten Eindrucks zu erinnern! Nach dem Kennenlernen dauert es oft Jahre, bis sie wieder Distanz genug haben, zu sagen: »Was ich am meisten an ihm liebe, ist sein Aufschlag beim Tennis ...« oder »... die Stelle, wo sein Haar hinter den Ohren Löckchen macht ...« oder »... die Art, wie er mich versöhnen möchte, wenn wir Krach gehabt haben.« Daß man sich nach langer Zeit eine solche Frage überhaupt vorlegt, pflegt nur in zwei Fällen zu geschehen: Entweder man hat den genannten Herrn in sein Leben hereingelassen und fragt sich beklommen, ob man recht daran getan hat, oder aber es tut einem leid, daß man ihn damals aus seinem Leben herausgelassen hat.

Und die restlichen Männer? Schon die Tatsache, daß hier ausgeplaudert werden soll, was wir an ihnen lieben könnten, möge ihnen die Hoffnung erhalten, daß sie uns nicht uninteressant sind. Seien wir ehrlich: Nur Männer, die wissen, daß sie von uns nichts zu erwarten haben, würden uns schlecht behandeln.

Viel Natur läßt wenig Illusionen

Das Urbild des Männlichen in grauer Vorzeit war nicht danach angelegt, Illusionen zu erwecken. Da ging es zunächst um ganz handfeste, prosaische Dinge, wie die Zuchtwahl. Mutter Natur hatte in das Liebeswerben allerlei kleine Tricks eingebaut, damit nur der unbedingt Stärkste das Weibchen gewann, ein System, das sich bei den anderen Säugetieren sehr bewährt hat. Von den Reaktionen des Menschenweibchens ist nicht viel bekannt, aber es läßt sich verhältnismäßig leicht rekonstruieren.
Wenn sich im sonnigen Neandertal ein stark behaartes Mannswesen mit dem Gebrüll eines Auerochsen auf ein friedlich grasendes Mammut stürzte, so erschienen einige Weibchen leuchtenden Auges am Höhleneingang. Sie waren begierig, das Schauspiel von Kraft und Geschicklichkeit zu genießen, das ihnen geboten wurde. Die wogenden Muskelpakete an Brust und Armen des Neandertalers müssen ihnen sehr gefallen haben, denn sie hüllten sich wohlig schauernd in ihre rauhen Felle. Wäre ich dabeigewesen, so hätte ich wahrscheinlich zu den wenigen gehört, die sich schlicht auf das Mammutgulasch freuten.
Die Höhlenmenschen müssen, da sie sich ausschließlich von Fleisch nährten, von reizvollem Temperament gewesen sein, und manches zarte Höhlenmädchen wurde, durch die Auszeichnung

eines solchen Muskelberges geehrt, auf die höchsten Höhen ihres Selbstbewußtseins gehoben. Rein äußerlich jedoch lassen sie für meine Begriffe zu wünschen übrig: Es waren kurzbeinige, gedrungene Kerle ohne die runden, sanften Glieder des späteren griechischen Ideals, ohne die schmalen Hüften der Fechter und Stierkämpfer. Nein, ich brauche mir die Rekonstruktion ihres Skeletts gar nicht erst im Museum anzusehen – sie leben noch munter fort in jenen Hafenarbeitern der Levante, die sich mit einem kurzen Hustlaut ein ganzes Klavier auf die Schultern laden und über die Laufplanke zum Schiff wuchten.
Aber die Nachfahrinnen der Höhlenweibchen kommen heute noch auf ihre Kosten, auch dann, wenn keine Schiffsreise sie zu den levantinischen Hafenarbeitern führt. Wo es heute boxt und ringt, sitzen sie auf den teuersten Plätzen und werfen gar ihre Schirme vor Erregung auf die Matte, die ihre Welt bedeutet, wenn der Herkules ihrer Sehnsucht durch einen falschen Griff gefährdet wird. Eine lustvolle Gänsehaut überläuft sie, und sie hüllen sich fester in ihre nun von geschickten Kürschnern präparierten Felle. Die glücklichsten unter ihnen verlassen den Kampfplatz am Arme des Siegers, dem nur ein Auge offenblieb und dessen Ohren zu einer Art von Schuhwichsdose verschwollen sind. Was lieben sie wohl an ihm? Nur die Kraft? Oder die Herrlichkeit der Illusion?
Nicht alle Frauen, die noch Höhlenweibcheninstinkte haben, sind so gut daran. Manche müssen sich mit einem Schauspiel zufrieden geben, hinter dem keine echte Kraft mehr steckt und das die Träume erfüllt, ohne daß man die bösen Erfahrun-

gen macht, die damit verbunden sind. Sie gehen ins Kino, um eine Begebenheit aus dem Alten Testament nachzuerleben. Der Held, ein Tankstellenwärter aus Arizona, trägt einen Bettvorleger um die Hüften und etwas gehämmertes Blech um die gewaltige Stirn. Wenn er lange genug in die Augen einer exotisch gekleideten Schönen geblickt hat, kämpft er mit Löwen und erschlägt viele böse blickende Statisten, die sich als Philister verkleidet haben. Auch wenn das mit den Löwen nur Trickaufnahme ist und die Tempelsäulen, die er zu Flitzebogen biegt, aus Pappe sind, so spricht doch der Anblick seiner schlangengleich sind ringelnden Halsmuskeln und sein hüpfender Bizeps unmittelbar zu den sehnsuchtsvollen Herzen der armen späten Mädchen, denen das Leben alles schuldig geblieben ist.
Eine junge Dame jedoch, die auf eine befriedigende Liaison mit einem schmalen, aber sehnigen Turnierreiter zurückblickt, empfände solche Muskelprotzereien als übertrieben. Ihr ist die Natur, die allzu gewaltig nackte, urig röhrende, knochenkrachende, denn doch zuwenig jener Zärtlichkeiten fähig, die erst dem Cocktail sein Aroma geben.
Schon im klassischen Altertum gab es einige zivilisiertere Königstöchter, die nicht gleich verzückt die Augen verdrehten, wenn ein männliches Urbild, sei es Halbgott oder Ganzgott, aus dem Gebüsch hervorbrach; die wohlerzogene Nausikaa zum Beispiel. Als der göttliche Dulder Odysseus schlammig und haarig mit mühsam vorgehaltenem Zweig zwischen ihren Wäschekörben auftauchte, bot sie ihm von ihrem vielen Linnen und Purpur erst

einmal ein paar Hüllen an. Sie nahm ihn eigentlich überhaupt erst wahr, als er sich gebadet und in Ordnung gebracht hatte. Es wird zwar in den schönsten Hexametern dargestellt, wie Pallas Athene ihm danach Jugend und Anmut übers Haupt goß, aber ich bin nach wie vor der Ansicht, daß es die Kleider waren, die seinen äußeren Menschen so verbesserten.

Nicht alle Frauen teilen Nausikaas und meine Ansicht, daß ein Mann durch verhüllenden Purpur nur gewinnen kann. Viele unserer Schwestern sehen ihre Männer so sehr mit dem Auge der Liebe, daß sie ihnen erlauben, etwa nur mit Lederhose bekleidet zum Badestrand zu wallen, geplatzten Teddybären vergleichbar, denen an der Brust die Roßhaarfüllung entquillt. Ich will damit keineswegs etwas gegen Stofftiere gesagt haben, die ich sehr liebe, jedoch sie sind sächlichen Geschlechts und von bescheidenem Auftreten. Die Gestalten auf den öffentlichen Wegen und Fahrstraßen von Sommerfrischenorten jedoch sind männlich, wenn auch ein Blick auf ihren Akt uns davon überzeugt, daß sie mit keinem Mammut mehr raufen. Sie können höchstens noch einen Dackel über die Straße führen.

Dennoch gibt es Männer, bei denen man die fehlende Mammutjagd gar nicht vermißt und die es darauf anlegen, mit ihrem Körper als solchem zu wirken. Viele machen sogar einen Beruf daraus. Da wäre zum Beispiel der Tänzer. Er zieht sich farbige Häute über, um seine Reize noch besser zur Geltung zu bringen. Er kommt aus der Kulisse auf Zehenspitzen und ist mit einem eleganten Sprung der Mittelpunkt im Lichtkegel des Scheinwerfers. Als Märchenprinz steht er da, unten herum kaum mehr als Trikot, er muß ja schließlich auch noch tanzen, oben herum mit Samtmäntelchen, Barett, Krone und Schmuckstücken angetan. Während die Operngläser aufblitzen und sich an seinen überfeinerten, ästhetisch einwandfreien Linien entlangtasten, gilt er den Damen in der Loge als Wunschbild, als verführerischer Traum, als Inbegriff männlicher Schönheit. Seine Kolleginnen sind meist gänzlich anderer Meinung. Sie, die eben noch auf der Bühne bei pas de deux in zitternder Hingabe an ihrem Partner hingen, äußern in ihrer Garderobe, gelassen ihre Netzstrümpfe herabrollend: »Der, ach Gott, der ist kein richtiger Mann! Richtige Männer müssen feist sein!«

Ist es nicht wunderbar, wie die Vorsehung dafür gesorgt hat, daß die Geschmäcker verschieden sind? Etwa das letzte, was ich von einem richtigen Mann verlange, ist, daß er feist sei!

Auch die Tänzer selbst legen, wenn die Scheinwerfer ausgegangen sind und die Schminke mit Vaseline abgenommen, keinen so großen Wert mehr darauf, irgend etwas auszustrahlen, was über den normalen männlichen Reiz hinausgeht. Einer der überzeugendsten Frauenverführer der Bühne – während eines einzigen Balletts mußten sich mehrere Partnerinnen nach ihm verzehren und, wenn er sie verschmähte, in Pappschwerter stürzen – saß in einer Gesellschaft neben mir auf der Couch. Er war klein und schmächtig und hatte ungefähr soviel Sex-Appeal wie kalt gewordener Brotpudding. Ich war fassungslos vor Staunen, als er im Laufe des Gesprächs meine Hand ergriff und auf seinen rechten Oberschenkel legte: »Fühlen Sie mal«, sagte er

mit der vollendeten Naivität eines Kindes, »wie Stein, was?«
Manche der Frauen, die Tänzer als weibisch und geschönt empfinden, suchen ihre Illusion an einem anderen Abend im gleichen Musentempel. Sie gehen in die Oper und lassen darin einen Typ Mann auf sich wirken, der noch kunstvoller drapiert ist, bei dem die Gewänder aber nicht erkennen lassen, was wirklich darunter ist: den Sänger. Nach dem ersten schmetternden Ton kann er übrigens für einen wahren Opernfreund aussehen, wie er will, es wird niemanden erschüttern.
Die Tage jener Heldentenöre, die unsere Mütter und Tanten hinrissen, sind vorüber. Das waren wahrhaft tolle Exemplare. Dick wie Weinfässer, unter der Lockenperücke kahl, versuchten sie, auf der Bühne den wonnigen Knaben Siegfried durch neckische Bewegungen glaubhaft zu machen, in einem Alter, in dem ein alter Herr in den Lehnstuhl gehört, aber nicht in eine zugige Höhle bei Mime, dem Zwerg. Der Talkumpuder stiebte, wenn sie Notung, das neidliche Schwert, schwangen, und unterhalb der heldisch gegürteten Tierhaut kamen kümmerliche Stachelbeerbeinchen hervor.
Nun ja, so ein Opernhaus hat ja eine enorme Ausdehnung. Von den Plätzen weiter hinten sah man es vielleicht doch nicht so genau, und Beleuchtung und Kostüm taten das Ihrige. Und privatim? Es war damals ein ziemliches Wagnis, an der Wohnung des Herrn Kammersängers zu klingeln und um ein Autogramm zu bitten. Einmal soll es passiert sein, daß ein zahnloses Wrack von Mann die Tür selbst öffnete und, um einem süßen Backfisch keine Illusion zu rauben, ihn mit den Worten weg-

schickte: »Leider kommen Sie zu spät, mein Fräulein, der junge Herr ist ausgegangen!«
Soviel Takt haben weder Film noch Fernsehen. Wenn da eine Handlung von rund anderthalb Stunden sich um einen Mann rankt, bloß weil dieser singen kann, so bleibt uns bei den Großaufnahmen keine Pore seines Gesichts erspart. Und es ist verblüffend, welche Gesichter und Figuren uns dabei zugemutet werden. Wir müssen das belanglose Liebesleben eines Mannes mitansehen, dem wir hinter einem Postschalter keinen zweiten Blick schenken würden, und rücken unruhig auf unseren Sesseln, bis das Drehbuch es endlich erlaubt, daß er sein wunderschönes hohes C schmettert.
Gehört, aber durchaus auch gesehen werden die modernen Jazz-Pop-Soul-Rock-Sänger, die Helden der Diskotheken. Jeder von ihnen hat eine gewisse Besonderheit, um derentwillen Teenager in Ekstase geraten und sich nicht nur, wie einst, von den Stühlen erheben, sondern diese zu Kleinholz zerschlagen. Da ist zum Beispiel einer, der schluchzt so erbarmungswürdig, daß man ihm erst einmal ein Beruhigungsmittel spritzen möchte, damit er sich beruhigt und weitersingen kann. Sein Erfolg ist einleuchtend: Es ist schmeichelhaft und reizvoll, demonstrativ vorgeführt zu bekommen, in welchen Zustand ein Mann gerät, der sich nach einer Frau verzehrt. Ein anderer röchelt, wieder ein anderer hat gegen Ende jeder Strophe ein heiseres Pianissimo. Eine Sechzehnjährige vertraute mir an, bei diesen geraunten Zärtlichkeiten sei ihr zumute, als ob ihr eine kalte Hand in einem Samthandschuh den Rükken hinunterstriche. Das muß grauenvoll sein. Doch auch dem singenden Jüngling auf seinem

Podium ist augenscheinlich nicht wohl: er krümmt sich wimmernd über das Mikrophon, das er mit beiden Händen umkrampft wie das Speibecken beim Zahnarzt, und er schwitzt, – er schwitzt maßlos. Wenn dann bei der großen Show über sein glitzerndes, tropfendes Gesicht noch lila und rosa-grüne Scheinwerfer huschen, dreht der normale Fernsehzuschauer erschrocken an sämtlichen Knöpfen, weil er glaubt, das könne ja wohl nicht ernst gemeint sein. Und doch wird dieser Schwerstarbeiter abgöttisch geliebt, und seine Verehrerinnenpost kann nur noch in Waschkörben transportiert werden.
Vor vielen Jahren gab es einmal einen Sänger, der war nicht allzu erfolgreich. Bei einer Operation verletzte man ihm die Stimmbänder, und nun konnte er nur noch flüstern. Jeder andere hätte den Beruf gewechselt und wäre Gärtnereigehilfe geworden, er aber wurde von Stund an eine Weltberühmtheit. Jede Frau fühlte sich persönlich gemeint, es war, als raune er jeder einzelnen ins Ohr. Da sieht man, welch krumme Wege oft zu den Höhen der Menschheit und des Ruhmes führen.
Eine weite Kluft zwischen den erkünstelten Brunstschreien der Tangojünglinge und dem Jodler eines knorrigen Gebirglers in Wadlstrümpfen. Die kleine Sennerin, die diese Äußerung männlicher Lebens- und Liebesfreude von den Felswänden widerhallen hört, denkt dabei sicherlich nicht an eine kalte Hand in einem Samthandschuh. Sie fährt sich vielleicht über die Frisur und prüft in der winzigen Spiegelscherbe neben dem Weihwassernäpfchen, ob sie ihr Rüstzeug beisammen hat, falls der stimmgewaltige Urmensch in etwa einer Viertelstunde bei ihr einkehrt.

Es ist in diesem Zusammenhang erwähnenswert, daß besagter Urmensch durchaus nicht etwa so halbnackt in die Sennhütte stürmt wie der Großstädter im Urlaub. Er ist – bis auf einen als Marscherleichterung geöffneten obersten Hemdknopf – korrekt gekleidet. Der kleinen Sennerin ist es nämlich lieber. Natur hat sie genug um sich herum, was sie vom Mannsbild erhofft, ist ein wenig Illusion.

Mantel und Degen

Verhüllender Purpur, das ist eine pompöse Bezeichnung für die Männerkleider in einem Jahrhundert, in dem die Männer in ihrer Unscheinbarkeit einander gleichen wie die Ameisen. Das heißt, zur Zeit wird es ja wieder farbiger bei ihnen, zuweilen sogar knallig bunt – wild kariert flattert das Caprihemd, und auf den Schlipsen sieht man Wasserfälle, in denen eine Nixe badet.
Eine Zeitlang gehörte es zum guten Ton, darüber zu jammern, daß die Männer früher hübscher aussahen. Das finde ich gar nicht. Die ägyptischen Könige müssen, wenn sie mit ihren ulkigen Ballettröckchen etwas anderes taten als majestätisch ausschreiten, albern gewirkt haben. Die Assyrer waren mit ihrem schicken schrägen Umhang ganz augenscheinlich nicht in der Lage, die Arme hochzuheben, und mit der römischen Toga saß man sicherlich schlecht zu Pferd, weil zuviel Stoff zu beiden Seiten herunterhing. Für die Ritterrüstungen muß man viel Putzmittel und unter Umständen in dieser oder jener Situation einen Dosenöffner gebraucht haben. Die Witzzeichner aller Nationen bewahren dieser Tracht ein ehrendes Andenken. Der blecherne Spitzbauch über bunten Pluderhosen, den Don Juan d'Austria trug, erregt mir Übelkeiten, und ich kann nicht nachempfinden, daß man noch 1732 schrieb, die spanische Manneskleidung »nähme un-

ter allen anderen das Verhältnis mit den Gliedmaßen am sorgfältigsten in acht«. Die großen Spitzenkragen, die van Dyck gemalt hat, gefielen mir glattgebügelt auf meinem eingelegten Kommödchen besser als unter einem lockigen Männerbart. Die zeitgenössischen Damen aber liebten sie, sie gaben den rauhen Gesellen etwas Höfisches und Zierliches und beeinflußten vorübergehend wohl auch ihr Benehmen.

Ach, wer weiß, wie so ein prächtig aufgeputztes Pfauenmännchen ausgesehen hat, wenn es abends sein Federkleid ablegte. Federn abzulegen, wenn auch nur diejenigen, die auf ihren ungeheuren Hüten wedelten, hatten auch die Landsknechte. Sie schmückten sich an Haupt und Schultern auf barbarische Weise und trugen sich dafür unterhalb der Taille so betont offenherzig, daß man noch heute, vierhundert Jahre später, nicht weiß, wo man hinschauen soll. Einige Leute machten sich darüber im Jahre 1510 Luft:

Früher hat man getragen Bärt
Jetzt sind die Männer weibisch gelehrt
Und schmieren sich mit Affen-Schmalz
Und tun entblößen ihren Hals.
Mit Schwefel, Harz puffen das Haar
Darein schlägt man dann Eier-Klar,
Daß in der Haub' es werde kraus;
Der hängt den Kopf zum Fenster naus
Und bleicht durch Sonne es und Feuer.
Die Kleider faltig ungeheuer,
Doch was Natur verdeckt will han,
Sie entblößen und sehen lan.

So besehen, waren sie gewiß wenig liebenswert. Die lebensfrohe, derbsinnliche Marketenderin aber fand sie herrlich und zog ihnen nach, quer durch das kriegsverwüstete Europa, wohin auch immer.
Ich teile den Geschmack der Marketenderinnen nicht, aber ich halte mich da nicht für maßgebend. Ich hätte beispielsweise auch Schwierigkeiten damit, die Kavaliere des Rokokos in ihrer gewiß wunderschönen Tracht zu lieben. Waren jedoch mehr als drei in einem kleineren Raum zusammen, so brauchte man schon Räucherstäbchen, um nicht in Ohnmacht zu fallen, auch wenn der Sonnenkönig in seinem hermelingefütterten Prunk einer davon war. Nun, der Respekt vor seiner Majestät und sehr starke Parfüms hätten da sicherlich manches ausgeglichen.
Zwanzig Jahre später liebten die Damen in England den schönen Brummel, der seine Halstücher so kunstvoll band, daß der englische König ihm gerne dabei zusah. Sein Hals verschwand fast ganz hinter gestärkten Tüchern. Er wirkte dadurch verwachsen, war aber für das Auge einer Frau immerhin angenehmer als dreihundert Jahre vorher die ehrbaren Bürger im Meistersingerstil, deren nackte, sehnige Hälse ohne weitere Wäscheverbrämung aus viereckigen Samtausschnitten emporstiegen.
Fürst Pückler mit seinem gelben Frack und seinen karierten Hosen gefiele den Frauen vielleicht sogar heute noch. Er konnte überhaupt mehr als nur Eisbomben seinen Namen geben. Er nahm sich des seit der galanten Epoche vernachlässigten männlichen Negligés an und erfand die sogenannte Pascha-

Tracht: à la turc gekleidet, wandelte er vergnügt durch die von ihm selbst entworfenen Parklandschaften.
Nicht lange danach kehrte Beau Brummels Halstuch wieder, diesmal ungestärkt und schwarz. Wenn die Herren des Biedermeiers es etwas höher hinaufzogen als vorgesehen und Mund und Nase dahinter versteckten, waren sie gleich für die Durchführung eines Postraubes richtig gekleidet: Ihre eigene Mutter hätte sie nicht erkannt.
Die Schönen jener Zeiten aber waren ohne Zweifel von ihnen charmiert, und das mit Recht: Ihre Galane hatten sich ja nur ihnen zuliebe so prächtig aufgeputzt.
Und der Mann von heute? Gefällt er uns in seinem flatternden, losen Hemd, das er außerhalb der Hose trägt und das ihn von Schlüsselbein bis Hüfte walzenförmig verhüllt? Seine Taille kann er jetzt nur noch in Badehose, Reitkostüm und Frack zur Geltung bringen. Doch auch das abends wasch- und morgens wieder anziehbare Capri-Hemd hat seine Vorteile. Der noch vor wenigen Jahrzehnten muffig-würdig verhüllte Mann ist darin wieder knabenhaft beweglich und kann sozusagen aus dem Stegreif Federball spielen, ein Zelt aufbauen oder einen Garten umgraben und fühlt sich pudelwohl dabei. Da er uns die Bälle zuwirft, im Zelt das Lager für uns bereitet und unseren Garten urbar macht, sollten wir uns an dem Caprihemd als einer bunten Fahne der Lebenslust erfreuen.
Seit etwa fünfzig Jahren steigen und fallen die Gezeiten der Herrenmode langsam und ruhig, ohne unser Zutun. Einmal sind die Schultern der Sakkos gerade und hoch, und wenn die Schneiderwatte

fehlte, sähen die Männer aus wie ihre eigenen kleinen Brüder. Die Hosenbeine sind dafür so weit wie die der Hamburger Zimmerleute, und ihr Träger muß erst einmal mehrere Schritte tun, ehe die Hose sich überhaupt in Bewegung setzt. Die Schuhe, große Kähne mit faustdicken Kreppsohlen, sind kaum noch zu sehen. Dann wieder werden die Schultern rund und abfallend, und die Taille befindet sich da, wo die Damen mit dem Topfhut seinerzeit den Gürtel trugen. Zum Ausgleich sind die Hosen eng und kurz. Die Schuhe, nunmehr spitz und schmal und dünnsohlig, zeigen sich frei und offen. Ebenso frei und offen zeigen sich die Söckchen und beim Sitzen auch ein wesentliches Stück einer haarigen Männerwade. Die elegantesten Männer sehen plötzlich aus, als hätten sie eine Abmagerungskur hinter sich, so lose umschlottert sie die Jacke.

Zwischen diesen Extremen bewegen sich dann noch Dinge wie der Edwardian Style: graue Halbzylinder – ein wenig höher, und man würde sich nach Rennglas und Vollblütern umschauen –, Steghose und über dem Brustbein geknöpftes Jakkett. Beim verschärften Edwardian Style werden noch die untersten Knöpfe der Jackenärmel aufgeknöpft und der Ärmelaufschlag aufgestülpt. Es sieht aus, als hätte der Träger sich soeben besonders gründlich die Hände waschen wollen. Zu diesem verschärften Edwardian Style passen frisch angepflanzte Vollbärte, die Gesichter dahinter sind nun, was ihr Alter anbelangt, nicht mehr annähernd einzuschätzen. Man fühlt sich in die stockigen, alten Romane der Marlitt zurückversetzt, wo die Helden so in Bart und Kleidung vermummt waren, daß

ihnen nichts anderes übrig blieb, als mit den Augen zu funkeln und an der Stirn zu erröten und zu erbleichen, um ihren Gefühlen Ausdruck zu verleihen.
Die armen Männer müssen sich, wenn auch nicht im gleichen Ausmaß wie wir, ebenfalls ein wenig dem Modediktat fügen, wenn sie nicht aussehen wollen, als trügen sie die Anzüge ihres seligen Herrn Vaters auf. So kann es heute tatsächlich passieren, daß ein Mann, auch wenn er die Outriertheiten der wechselnden Silhouetten nicht mitmacht, vor seinem Kleiderschrank steht, aus dem Scharen von Anzügen quellen, und klagend sagt: »Ich habe nichts anzuziehen.« Ja, er kann gezwungen sein, sich zu den notwendigerweise gekauften Hemden mit Windsorkragen neue Schlipse zu besorgen, weil die alten mit ihrer reichen Fülle zu breite Knoten geben. Noch haben die Schlipsknoten mäßige Ausdehnung und tragen die Namen englischer Adelssitze, aber wie lange noch? Die Männer nähern sich zur Zeit unaufhaltsam dem Schlipsideal der Toreros, der dünnen Bändchenkrawatte. Nun ja, wenn ihre Taille die eines Toreros ist... Aus purem Widerspruchsgeist werden wir Frauen, wenn die dünnen Stricklein um den Hals der letzte Schrei sind, in alte Filme gehen und begeistert zuschauen, wie Rudolf Forster sich vorm Spiegel ein reiches seidenes Plastron bindet. Die Seide schmeichelt nicht nur den Frauen!
»Ich habe mir auch hübsche Seidentüchlein um den Hals gekauft, fürchte aber, du wirst sie mir wegkrapsen, denn sie werden auch dir um den Kopf gar artig stehen...«, schrieb Goethe im Herbst 1797 aus der Schweiz an Christiane Vulpius.

Wenn man bedenkt, welch himmelweiter Unterschied zwischen der sorgfältig gelegten Halszier des Herrn Geheimrats und dem T-Shirt ist, dann scheint es besonders seltsam, wie langsam, zögernd und dezent sich die sogenannte Gesellschaftskleidung der Männer verändert, diese festliche Rüstung, in der wir sie als besonders ritterlich empfinden. Gewiß, es trägt niemand mehr die brettsteif gestärkte Hemdbrust zum Smoking, aber doch noch zum Frack. So bekleidet bleibt nichts anderes übrig, als sich stärkeknatternd der Geliebten ans Herz zu werfen, wenn die Lage es erfordert. Der Schnitt des Abendanzuges darf ruhig etwas veraltet sein, besonders bei Trägern in höheren Jahrgängen. Das macht einen sympathischen Eindruck und zeugt von Traditionsgebundenheit.
Mit dieser Auffassung scheine ich nicht allein zu stehen: Die älteren Herren auf gewissen Sektreklamen, diese Wunsch- und Leitbilder mit grauen Schläfen, die von so unwahrscheinlich schönen Frauen umgeben sind, tragen sich in Kleidung und Barttracht ja auch wie die vorige und nicht wie die jüngste Generation.
Die Werbefachleute prüfen, ehe sie zum Zeichenstift greifen, sehr genau, was uns gefallen könnte. Ich finde es reizend, daß bei der Gesellschaftskleidung der Männer die Uhr ein bißchen nachgeht. Übrigens kann das unmöglich damit zusammenhängen, daß männliche Gesellschaftskleidung so scheußlich teuer ist. So etwas hat bei Moden noch nie eine Rolle gespielt – eher im Gegenteil. Unmittelbar nach dem Ersten Weltkrieg, als es buchstablich nichts gab, wurden Kleider mit weiten und langen Röcken und dazu sage und schreibe Saffian-

lederstiefel Mode. Erst als alle Stoffe in Hülle und Fülle wieder da waren, hörte bei der weiblichen Mode Hülle und Fülle fast gänzlich auf: es kamen die engen kurzen Futterale.

Jede Frau fühlt sich natürlich geschmeichelt, wenn der Mann einiges aufwendet, um ihr zu gefallen. Wenn aber ein Mann Anzüge hat, die allzu sklavisch nach der herrschenden Mode geschnitten sind, wirkt er so snobistisch wie der gewisse Bonner Attaché mit dem Anthony-Eden-Hut und dem gerollten Regenschirm. Man sieht straßenweit, daß es sich nicht um Anthony Eden, sondern um eine Nachahmung handelt. Ob es wohl ein Überbleibsel aus Neandertaler-Zeiten ist, daß die Männer das deutlich Allzuneue verachten und es vorziehen, auch in etwas frisch Gekauftem ein wenig ruppig auszusehen? Ganz furchtbar feine Leute, die mehrere Schlösser bewohnen, entwickeln in diesem Punkt seltsame Gewohnheiten: Sie lassen ihre Diener die neuen Schuhe eintragen, halten den neuen Hut lange genug unter die Stallpumpe, um ihm den ersten Glanz zu nehmen, und behalten die neuen Hosen eine Nacht im Bett an. In England, wo die ältesten Flanellhosen als die vornehmsten gelten, genügt manchmal das feuchte Klima, um den gewünschten Effekt zu erzielen. Man trägt seine neuen Beinkleider auf einem Sonntagsspaziergang durch den Wald und geht anschließend damit auf eine Gesellschaft.

Apropos Hosen: Ein über den Ozean zu uns gekommenes Beinkleid hat sich zu einem Best- und Dauerseller entwickelt: die Blue Jeans. So eng, daß manches Beinpaar darin krumm aussieht, an den Knien ein wenig verblichen, unten abgetreten oder

ausgefranst, ähnlich wie in Brahms' Schlaflied »mit Näglein besteckt« oder besser gesagt »niet- und nagelfest«, erobern sie die Welt. Es tragen sie Prinzen, Penner und Poeten, und so mancher alte Herr, der sich noch vor einigen Jahren schaudernd vor Blue Jeans abwandte, trägt sie jetzt, um Trimmdichpfade zu laufen und zwischen seinen Beeten zu knien. Selbst der Ostblock vermag mit seiner ganzen Ideologie ihren Siegeszug nicht aufzuhalten.
Für gewisse Frauen besteht ein wesentlicher Teil der männlichen Bekleidung in einem Auto. Die abzuholende Angebetete, die hinter der Gardine auf die Straße lugt, kann beim Anblick eines breiten und leuchtend polrieten Blechgehäuses ihr Herz ebenso hoch schlagen fühlen wie Isolde beim ersten Zusammentreffen mit Tristan. In ihren Ohren rauscht es, sie muß trocken schlucken und nachher, wenn der Wageninhaber vor sie hintritt, hat er schon wesentliche Schritte auf dem Wege des Liebeswerbens getan, ohne auch nur ein Wort gesagt zu haben.
Eine andere wiederum findet die Tiefstapelei charmant. Diese Eigenheit wird übrigens immer seltener, so wie die Blume im Knopfloch, und vielleicht wird sie bald ganz aussterben. Da gibt es ganz, ganz feine Leute, die sich jedes Jahr einen neuen Wagen kaufen und auf alt karossieren lassen. Manche lassen ihre Alfa Romeos in der Garage und fahren mit einem Volkswagen aus. Sie verursachen damit der Dame ihres Herzens einen ähnlichen frommen Schauder wie andere mit ihrem Mercedes 300 SL, weil sie sich ihr zuliebe bescheiden zeigen.
Jedoch, beim frommen Schauder bleibt es nicht. Alles entwickelt sich weiter, in die eine oder in die andere Richtung. Solange man einen Mann nur

flüchtig kennt, mag es genügen, wenn sein Straßenkreuzer das nötige Ausmaß hat und er einen guten Schneider beschäftigt. Das sind die alleräußersten Hüllen. Wie aber, wenn die Beziehung sich vertieft, wenn sie gar in eine Ehe ausartet? Eines Tages wird es dann nicht mehr genügen, einen kurzen Blick auf seinen Schlips zu werfen, um ihm demnächst einen zu seinem Geburtstag aussuchen zu können, oder sich heimlich darüber aufzuhalten, daß er neulich zum Frack eine Armbanduhr anhatte. Eines Tages wird der verhüllende Purpur fallen, und da wir im rauhen, zivilisierten Norden leben, wird darunter nicht gleich der Held selbst in seiner Pracht zu finden sein, sondern eine heikle Zwischenstufe: sein Unterzeug.

Dieses Unterzeug, auch Leibwäsche genannt, läßt mich dem Schicksal dankbar sein, daß ich nicht um die Jahrhundertwende leben muß. Früher wünschte ich mir das gelegentlich, weil mir die Kostüme der Lustigen Witwe so gut stehen – aber das ist schließlich kein Gesichtspunkt, wenn ich bedenke, welche Anblicke mir dafür zwischen Erwachen und Frühstück erspart bleiben. Apollo selbst verlöre jeden Reiz in Dr. Jägers Normal-Leibchen, grauenerregendem Netzhemd, engröhrigen Mako-Unterhosen, reichgefältelter und gestärkter Hemdbrust mit einem Schniepel zum Anknöpfen der Unaussprechlichen und einem knöpfchenbefestigten Eckenkragen. Man darf noch hoffen, daß das Schicksal mir erspart hätte, Schlafzimmergenossin von Chemisette, volkstümlich auch als Abreißkalender bezeichnet, Gummikragen, eisernem Schlips und Röllchen zu sein.

Solchermaßen verunstaltet, konnte ein Mann von

Geschmack damals wohl nur eines tun, nämlich sich mit einem Sprung hinter einen Wandschirm retten. Auch die Nachthemden mit rotem Börtchen sind verschwunden und haben sich auf humoristische Postkarten zurückgezogen. Die Nachtgewandung für Männer ist jetzt so hübsch, daß sie schon ästhetisches Vergnügen hervorruft, wenn sie nur im Schaufenster ausgestellt ist. Ich kenne zwei junge Mädchen, die sich an einem solchen Schaufenster auf dem Heimweg von der Klavierstunde die Nasen plattdrücken. Sie haben zwar noch wenig Vorstellung von ihrem künftigen Beherrscher, aber schon eine sehr genaue von den Pyjamas, die sie ihm kaufen werden. Möge er sie tragen, wie sie gedacht sind, und nicht ihr Oberteil in die Hose hineinstopfen wie diejenigen Männer, auf denen schon seit langem kein Auge der Liebe mehr geruht hat.
Nein, die heutigen männlichen Dessous sind überaus erfreulich, praktisch und nett, und auch die vielen gräßlichen technischen Hilfsmittel sind fortgefallen: die Ärmelhalter, Sockenhalter, Kragenknöpfe, Stiefelzuknöpfer. Wen wundert es denn, daß es um die Jahrhundertwende andauernd zu Duellen kam! Es wurde natürlich jeder von jedem beim Ehebruch erwischt, einfach weil er sich nicht schnell genug wieder anziehen und verschwinden konnte. Außerdem ist es verständlich, daß man lieber ein Duell in Kauf nahm, als sich in so lächerlicher Aufmachung am Spalier eines Hauses auf die Straße hinunterzuhangeln.
Eines allerdings ist seit damals unverändert geblieben: die Regel nämlich, daß ein gepflegter Mann überall genügend Wäsche vorschauen lassen muß, um das beruhigende Gefühl zu vermitteln, nirgends

Hautberührung mit seinem nicht waschbaren Anzug zu haben. Hier scheint ein neuralgischer Punkt mancher Frauen zu liegen. Nach einem Gespräch mit einer hochliterarischen Persönlichkeit rief eine reizende Journalistin, anstatt in ein Aperçu über Stilfragen auszubrechen, spontan: »Endlich ein deutscher Verleger, dessen Manschetten lang genug sind!«

Auch die Regel, ein frisches Taschentuch aus dem Schrank immer erst zu entfalten, ehe man es in die Tasche steckt, soll ziemlich oft mißachtet werden. Ich kann das nicht beurteilen. Ich bin bisher immer nur in Gesellschaft wirklich wohlerzogener Gentlemen in die Situation gekommen, sie um ihr Taschentuch bitten zu müssen.

Die Leutnants mit dem pomadisierten Mittelscheitel, von denen die alten Journale wimmeln, hatten ihre Wespentaille nicht von Natur. Sie halfen sich mit einem sogenannten Herrengürtel, einem Gummizugapparat, den man mit »Männerkorsett« übersetzen könnte. Es war dies ein Bauchverzehrer ersten Ranges und somit eines der wenigen technischen Hilfsmittel, das man sich mit einer gewissen Wehmut zurückwünscht. Heute ist es praktisch ausgestorben, und nur gerüchtweise verlautet, daß diejenigen Filmschauspieler, die mit etwa 65 Jahren noch jugendliche Liebhaber darstellen müssen, es heimlich unterm Frack anhaben. Die Nonchalance, mit der die übrigen Männer ihre Bäuche frei tragen, hat fast etwas Kränkendes. Sie glauben augenscheinlich, weil Männer etwas knapper sind als vor zwanzig Jahren, uns unter allen und jeden Umständen zu gefallen. So ist es ja aber auch wieder nicht!

Nun, im Grunde kommt es auf Kleider nicht so an,

ob sie nun weiter außen oder weiter innen sitzen. Solange der Mann sie anzieht, um uns auf sich aufmerksam zu machen, und wir uns einigermaßen mit ihm sehen lassen können, wird er uns bereit finden, ihn in jeder Hülle zu akzeptieren, denn ach, die allerreizvollsten Kleidungsstücke, Mantel und Degen, sind dahin. Mit ihnen starb die Illusion, daß ein wahrer Kavalier immer gerade auf einem romantischen Liebespfade ist und den Mantel braucht, um verhüllt zu uns zu schleichen, den Degen aber, um sich den Weg – oder den Rückweg – freizukämpfen. Einige Männer verstehen es, uns noch immer den holden Traum vorzugaukeln, daß sie auf dem Schleichwege zu uns sind und daß es schmeichelhaft gefährlich sei, den uns umgebenden Tugendwall von Ehemännern, Brüdern und Vätern zu durchbrechen. Sie hören in unseren Augen niemals auf, Mantel und Degen zu tragen, und deshalb lieben wir sie.

Rund um die Seife

Als junge Mutter eines zweijährigen Sohnes wollte ich einmal fast verzweifeln, weil das Kind meine Erziehungsversuche zur Trockenlegung immer wieder fröhlich zunichte machte. In meiner Not telegrafierte ich an meine erfahrene Schwägerin, die mehrere von dieser Sorte aufgezogen hatte:
Wann werden Jungen eigentlich sauber?
Das Antworttelegramm kam noch am selben Tag. Es lautete:
Um den Hals herum nicht vor dem vierzehnten Jahr.
Ich habe seitdem manche kleinen und großen Jungen beobachtet, denen am Waschen sichtlich nichts lag. Viele von ihnen ließen es, wie eine empörte Mutter mir klagte, dabei bewenden, »nur so in die Luft zu spucken und dann drunter durchzulaufen«. Viele wuschen sich die Hände nur bis zum Handknöchel und ließen das Handgelenk grau, und schwer arbeitende, schon ganz, ganz große Jungen benutzten das köstliche Naß nur dazu, es sich ins Gesicht zu planschen, dahin nämlich, wo es sie erfrischte, nicht dorthin, wo es nötig gewesen wäre. Kurz, ich würde heute die im Telegramm gemachte Altersangabe um fast zehn Jahre erhöhen.
Dann aber – man könnte sagen, gottlob – will der junge Mann einer Dame gefallen, und nun merkt er, daß das noch so modisch geschnittene Jackett und der verwegenste Schlips allein es nicht tun, sondern

daß Anfang und Ende aller Gepflegtheit – die Seife ist. Und was die Frau Mama in zwanzig Jahren durch Verzweiflungsschreie und beißende Ironie nicht zuwege gebracht hat, erreicht die junge Schöne mit einem einzigen Wimpernaufschlag. Ein Mädchen kann zur Not durch Frisur, lackierte Fingernägel und starken Puderverbrauch die Tatsache verschleiern, daß zu Hause der Waschtisch gerade besetzt war – ein Mann nicht.

Etwa um die Zeit, als der italienische Neo-Verismus aufkam und man allenthalben Filme aus Elendsvierteln und Hinterhöfen sah, schien es einmal, als könnten jene ungewaschenen Helden zum Idol werden, die unrasiert und zerlumpt einhergehen und bei deren Anblick man froh ist, daß der Geruchsfilm noch nicht erfunden wurde. Und siehe da – die Launen der Mode sind nicht berechenbar –, sie wurden es! Ungepflegtheit ist in einigen Kreisen »in« – sie hat mit dem Vermögen, dem Inhalt der Lohntüte nichts mehr zu tun. Möglichst ungewaschen, möglichst zerlumpt, möglichst ausgebeult an Ellenbogen und Knien – so lautet die Devise. (Der Trend hat durchaus auch die jungen Mädchen erfaßt, sie rauschen in baumwollenen Schlumperkleidern an uns vorüber und sind von hinten von den Zigeunerinnen meiner Jugendzeit nicht mehr zu unterscheiden.) Und für den Fall, daß man solche Sachen nicht erbt, nicht auf dem Speicher findet, die Eltern das alte Zeug längst in die Papiermühlen gegeben haben oder den Boden damit polieren, gibt es Geschäfte, Tauschstellen und Flohmärkte für Alt-Klamotten.

Und vor dem Spiegel im Vorraum der Diskothek, also an der Stelle, an der einst der Tanzstundenjüngling den Taschenkamm benutzte, um etwas geschniegelter zu wirken, sah ich einen mit zehn Fingern in sein Haar fahren, um es nach Zeitgeschmack zu verunordentlichen. (Er kam übrigens kaum durch, es hatte sich bereits zu einer Art Werg verfilzt.)

Der Seifenverbrauch – Gradmesser für die Zivilisation inner- und außereuropäischer Länder – ist also nicht zugleich der Gradmesser für männlichen Sex-Appeal.

Sehr selten, so selten wie das Einhorn, kommen aber auch heute noch Männer vor, die auf dem Gebiet der Gepflegtheit nicht zuwenig, sondern zuviel tun. Über einige von dieser Sorte machte sich der gute alte Simpl schon im Jahre 1909 lustig. Da sieht man zwei Dandys in Sesseln lehnen, die Gesichter ein wenig embryonal, die Anzüge unerhört elegant, die Schuhe Größe 50 und so schmal wie Fischgräten. Müde, die übermanikürte Hand über die Seitenlehne hängend, sagt der eine zum anderen: »Wer nicht morgens badet und sich außerdem dreimal täglich die Achselhöhlen; mit Eau de Portugal wäscht, den nenne ich ein Schwein!«

Ein großes Wort! Ich bin ein paar Nachfahren dieser Karikaturen noch begegnet. Einer, der die Gewohnheit hatte, die Nägel zärtlich am Rockaufschlag zu polieren, wurde mitten im Gespräch unruhig und gab zerstreute Antworten. Noch während ich die Schuld bei mir suchte, erfuhr ich das ganze Ausmaß des Unglücks, das ihn betroffen hatte: Ein Fingernagel war ihm abgebrochen! Ein anderer litt einen ganzen Theaterabend lang schmerzlich unter einem seiner Ansicht nach un-

künstlerisch an ihm vollzogenen Haarschnitt. Er tat, als habe er Aussatz und könne sich in menschlicher Gesellschaft nicht mehr sehen lassen.
Immerhin ist hier einiger Damen reiferen Alters zu gedenken, die inmitten einer Welt von Be-Pop und Formlosigkeit dem soigniertesten aller Männer, Adolphe Menjou, nachseufzen. Seine korrekte Gepflegtheit grenzte ans Märchenhafte und schuf berühmte Anekdoten. Bei einem Hotelbrand soll er sich geweigert haben, sein achtzehntes Stockwerk zu verlassen. Da tauchte, von Qualm umgeben, ein Feuerwehrmann an der Spitze einer ausziehbaren Leiter in seinem Fenster auf.
»Los, los, es ist die höchste Zeit!« keuchte er.
»Einen kleinen Augenblick noch, Monsieur«, erwiderte Menjou, »ich nehme nur noch etwas Rasierwasser und binde ein anderes Halstuch um, dies hier paßt nicht zu meinem Schlafrock.«
Das mit dem Halstuch würden manche Männer ja vielleicht noch nachmachen – aber das Rasieren zu jeder Gelegenheit nicht! Dieser wichtige Punkt der männlichen Kosmetik ist leider für sie unangenehm. Nie werden sie uns verzeihen, daß ihnen Haare im Gesicht wachsen und uns nicht. Dennoch gelingt es nur einer Frau im Zustande unzurechnungsfähiger Erstverliebtheit, sie deshalb zu bedauern. Dumpf ahnt auch sie, daß in dieser Tatsache eine ausgleichende Gerechtigkeit für dies und jenes liegt. Der Mann aber, der neben ihr aufwacht und die Morgenfaulheit über Bord werfen muß, um sich die Stoppeln abzumähen, glaubt zumindest achtungsvolles Schweigen erwarten zu dürfen, während er Grimassen schneidet und sich in eine Karikatur seiner selbst verwandelt. Wäre wenigstens die

zu kratzende Fläche glatt und nicht so kupiertes Gelände! Wehe der Frau, die da lacht, sei es über seine Mienen oder über die Betriebsunfälle wie Schnitte und Kratzer!

Gepeinigt sagt er: »Ich habe eben eine so zarte Haut«, wenn er als Beefsteak tartare vor uns hintritt.

Was er eigentlich ausdrücken wollte, ist natürlich: »Ich selbst bin zart, merke dir das, und sei gefälligst recht lieb zu mir!« Es liegt ihm sichtlich auf der Zunge.

Wie froh wäre er, wenn wir daraufhin eines Morgens gönnerhaft vorschlügen: »Weißt du was? Rasier dich heute mal überhaupt nicht!« anstatt liebevoll, aber fest zu ermuntern: »Obwohl Feiertag ist, mußt du dich jetzt moralisch darauf vorbereiten, dich innerhalb der nächsten halben Stunde zu rasieren!«

Wehe aber auch dem Mann, der sein Gesichtshaar bis Mittag oder Nachmittag wuchern ließe! Er verlöre unsere Achtung. Von klein auf hat man uns gelehrt, daß er mit unserer Achtung auch jede Chance auf den Feldern der Ehre und der Liebe einbüßte. Gibt es nicht sogar eine Anekdote über einen General Napoleons, der seinen jungen Offizieren ans Herz legte, zu jeder Tages- und Nachtzeit korrekt rasiert zu sein, da niemand wissen könne, wann der schlecht schlafende und launische Kaiser sie zu sich bestellen und ihnen die Marschallswürde anbieten würde?

Und wer kennt nicht das wahrhaft tragische Geschehen im Gedicht von Eugen Roth über die durch Unrasiertsein versäumte Glückschance?

Ein Mensch mit schlecht geschabtem Kinn
versäumt der Stunde Glücksgewinn,
und wird er schließlich doch noch zärtlich,
wird er's spät und auch zu bärtlich.
Infolge schwacher Reizentfaltung
gewinnt die Dame wieder Haltung
und läßt den Menschen, rauh von Stoppeln,
vergeblich seine Müh' verdoppeln.
Des Menschen Kinn ist seither glatt,
Doch findet kein Besuch mehr statt.

Seit ein paar Jahren hat wenigstens bei einem Teil der Männer das Pinseln, Schäumen und Schaben der elektrischen Rasur Platz gemacht. Die früher mit Blutflecken gebatikten Handtücher bleiben nun weiß, doch ist dafür morgens das Zimmer – je nach Apparat sogar die ganze Wohnung – vom traurigen, etwas aggressiven Summen einer verflogenen Hummel erfüllt. Auch ist man in einem weiteren Punkt von der Zivilisation abhängig geworden. Wehe, der Strom setzt aus! Der Mann fühlt sich mit einem Schlage in die Steinzeit zurückversetzt und läuft mürrisch zum Kaufmann um ein Stück Rasierseife, die er längst hat ausgehen lassen. Nun, zum erstenmal, tut er der liebenden Frau tatsächlich leid. Sie wird sich darüber klar, wie praktisch und hübsch das kleine Spielzeug doch ist, das so leicht überallhin mitzunehmen ist und dessen Benutzung weniger intim wirkt als die Verrichtung mit Pinsel, Wasser und Seife. Mancher meiner Freunde, die sich früher zum Rasieren schamhaft ins Bad zurückgezogen hätten, erheben sich nun bei meinem Eintritt aus einem bequemen Sessel am Teetisch, den Brummapparat noch in der Hand, und begrüßen

mich freudig. In Theatergarderoben und im Vorraum von Fernsehstudios sieht man Männer sich summend durchs Gesicht fahren, um den Fünf-Uhr-Schatten ihrer Wangen aufzuhellen.
In New York wurde sogar kürzlich ein Mann verhaftet, der sich mitten im Stadtverkehr am Steuer seines Wagens rasiert hatte. Böse blickende Polizisten stiegen nochmals mit ihm ein und sahen sich die Prozedur an, wobei sie seltsamerweise zu dem Verdikt kamen, der Rasierer habe den Verkehr nicht gefährdet.
Ebenso böse blickende Polizisten nahmen sich eines jungen englischen Polizeibeamten an, der genau das Gegenteil getan hatte: Er hatte sich nicht rasiert, und zwar weil er sich einen Schnurrbart stehenlassen wollte. Obwohl er sein stoppelig-unordentliches Antlitz ausgerechnet beim Wachestehen vor dem Buckingham-Palast hin- und herbewegte, weigerte er sich, seine schon erfreulich weit gediehene Plantage abzunehmen. Er wurde entlassen. Ich möchte wetten, daß hinter diesem so opfermutig verteidigten Schnurrbart eine Frau steckte!
Wie schön ist doch ein Schnurrbart, der für uns wächst, für eine Bemerkung, die wir in einer schwachen Stunde gemacht haben, für eine Laune, mit der wir unseren Sklaven überzeugt oder an seiner Eitelkeit gepackt haben! Zunächst schauen wir beflissen und freudig erschrocken weg, als bemerkten wir nicht, daß er nun zur Tat zu schreiten scheint. Dann kommt der Tag, an dem das Haargebüsch aussieht wie eine Kinderzahnbürste, die in Tomatensuppe gefallen ist. Vor Erregung barsch tritt der Mann vom Spiegel zurück und fragt: »Wie steht er mir eigentlich?«

In der Beantwortung dieser Frage liegt eine Falle für das weibliche Verantwortungsbewußtsein. Spüren wir, daß er heimlich leidet und sein glattrasiertes Gesicht wiederhaben möchte, ungeachtet jenes Gesprächs, bei dem wir geäußert haben, wie gut uns ein Schnurrbart an ihm gefallen würde, so ist dies der Augenblick zu der Bemerkung: »Ohne gefällst du mir eigentlich fast besser.« Erwidert er darauf mit einem forschen: »Ach, das scheint dir jetzt nur so, du gewöhnst dich bestimmt daran«, so ist er fest entschlossen und wird all das, was er um des Schnurrbartes willen von verständnislosen, glattrasierten Kollegen und Mitmenschen zu hören bekommt, tapfer aushalten. In diesem Fall erleben wir dann mit ihm zusammen den Tag, an dem wir beim Passieren eines Spiegels in aller Öffentlichkeit feststellen können: Jawohl, sein Schnurrbart hat sich nun demjenigen von Clark Gable ernstlich angenähert, und ab sofort brauchen wir uns mit ihm nicht mehr in dunkle Kinos zu verkriechen, wo ihn keine Bekannten sehen, sondern zeigen uns triumphierend im hellerleuchteten Theaterfoyer.
Nicht immer krönt dieser Tag die wochenlangen Bemühungen. Ein Freund von mir ließ sich einen Rudolf-Forster-Schnurrbart stehen, der lange nicht den rechten Trimm und Schick bekommen wollte. Er suchte einen Friseur auf, der ihn mit der Brennschere zurechtbog. Nun war alles bestens, bis mein Freund heiße Suppe aß und die aufsteigenden Dämpfe den Schnurrbart wieder gänzlich unforsterisch herunterhängen ließen. Empört lief er zum Friseur zurück, in der Meinung, betrogen worden zu sein. »Herr Forster«, sagte der Haarkünstler trocken, »kommt dreimal täglich!«

Ich halte die ganze Sache, zumindest was die Aussage des Figaros betrifft, für eine Legende, aber ich setze sie hierher, weil ich die Frau kannte, die dahintersteckte. Was hatte der Ihrige nicht zu erdulden, um ihrem Wunschbild von einem eleganten Mann zu gleichen!

Nicht nur mit Schnurr-, nein auch mit Vollbärten, Kinnbärten, Knebelbärten und Backenbärten ist etwas Abwechslung in eine Beziehung zu bringen, die zu erstarren droht wie altes Suppenfett.

So manche Frau, die beim Frühstück plötzlich den Löffel mit dem gequälten Aufschrei: »Ich kann nicht mehr sehen, wie du kaust ...« weglegt, liebt Wochen später an ihrem Gebieter ein neues Gesicht – ein Gesicht mit aggressivem Vollbart, dem ärgerniserregenden Bekenntnis zu künstlerisch-bohemienner Lebensart. Seine Augen scheinen ihr anders zu leuchten als früher, auch an sonstigen Qualitäten ist er plötzlich wieder reicher, und sie vergleicht ihn heimlich mit Pierre Brasseur, dem Filmschauspieler mit dem männlichsten aller Bärte, den die Französinnen »le monstre sucré«, das süße Ungeheuer, nennen.

Die einzige Barttracht, die Frauen an Männern nicht lieben, ist der Wotans- oder Abrahamsbart und seine Variationen. Sie machen ihn alt und auf dämliche Weise würdig, es sei denn, er hätte das echte kanonische Alter schon erreicht, dann wird er damit eventuell zum Schwarm der ganz jungen Mädchen. Die übrigen Frauen aber fühlen sich beim Anblick solcher Haarwasserfälle an jene Germanen erinnert, die auf der Bärenhaut lagen und sich den klebrigen Met auf die Kinnzier tropfen ließen. Vom Waschen, Ölen und Parfümieren eines Bartes wußte man damals sicherlich noch nichts.

Da sind wir schon wieder bei der Seife angekommen, ohne die es nicht geht, nicht einmal beim Bart. Bei den Frisuren natürlich auch nicht. Ohne Pflege wirkt weder die Löwenmähne eines Franz Liszt noch die spiegelnde Glatze eines exotisch-männlichen Yul Brynner.

Um die Zeit der Französischen Revolution, als lange Männerhaare sich für das Guillotiniertwerden als besonders unpraktisch erwiesen, haben politisch Gefährdete sicherlich aus purem Protest den heutigen amerikanischen Militärhaarschnitt nicht einführen wollen. An sich wäre er wegen des Ungeziefers in der Bastille und Conciergerie sinnvoller gewesen.

Die schmierigen, ungekämmten Frisuren wurden damals auch durch das Aufsetzen der phrygischen Mütze der neuen Freiheit nicht appetitlicher. Nun ja, in einer Zeit, in der die Todeskarren schon um die Straßenecken rasseln, nimmt eine liebende Frau vielleicht auch einen ungepflegten Kopf ans Herz. Er kann ja schließlich morgen schon herunter sein.

Aber auch bei den kurzhaarigen Frisuren geht es nicht ohne Pflege ab. Nur beim russischen Militär wird sie durch häufige Radikalrasur ersetzt. Kurze Haare wollen gestriegelt und gebürstet sein, und wenn sie nach einer Nacht des Rock'n Roll noch sitzen sollen, so müssen sie sogar – wie ich von eingeweihter Seite höre – gewachst werden. Es steht zu vermuten, daß die Jünglinge, die irgendeine Unebenheit ihrer Schädelform kaschieren wollen und deshalb gutmodellierte Fassonschnitte tragen, nachts über der Wäscheleine schlafen, um sie nicht zu verliegen.

Ein mäßiger Gebrauch von Haaröl ist sehr liebenswert. Erstens sind die strohtrockenen, wirren Haarbesen nicht schön, und zweitens bleibt die Frisur dann da sitzen, wo sie soll. Man bekommt sonst, auch als Frau, gelegentlich den Kopf eines Jünglings in hartem Stoß unters Kinn, der zur Unzeit das Haar aus den Augen schüttelt.
Zuviel Haaröl jedoch kann eine Katastrophe sein. Man hat bange Augenblicke zu überstehen, wenn so ein Männerkopf sich an die helle Chintz-Bespannung über unserer Couch lehnt und, die Augen zur Decke gerichtet, geruhsam über das Wesen der modernen Malerei spricht, ohne an die Fettflecken zu denken, die er hinterläßt. Da möchte man schon wieder zu jener Seife greifen, die wir eben erst weggelegt haben!
Ohne nun etwa zu einer »Badevorschrift für einen Geliebten« ausholen zu wollen, wäre hier einzufügen, daß die Seife eines Mannes weder nach Flieder, Veilchen, Maiglöckchen noch nach allzuviel Moschus und Ambra riechen soll. Man kommt sonst gerade in Situationen, in denen man es am wenigsten möchte, auf den Gedanken, der Herrlichste von allen hätte sich für zehn Pfennige von einem Duft-Automaten anspritzen lassen.
Doch es gibt wunderbare Herrenseifen, die allen Ansprüchen gerecht werden, es gibt sogar Herrenparfüms, die ihr Gewicht in Gold wert sind und es auch kosten. Sie kommen – es macht mir Kummer, dies zuzugeben – fast sämtlich aus dem Ausland. In Deutschland scheint die Ansicht, ein Mann könne riechen wie er will, häufiger zu sein, als man annimmt. Selbst die kostbarsten Duftstoffe, von denen selbst Experten nicht sofort angeben können,

ob sie eine Nuance Champignon-Aroma, Pflaumenmus-Extrakt oder den Duft von brennendem Siegellack enthalten, sind vormittags auf dem Tennisplatz oder auf der Eisbahn schlechterdings fehl am Platze. Ein Mann von Geschmack wartet mit ihrer sparsamen Anwendung besser bis zum festlichen Abend, wo beim Tanzen die Nase einer Dame näher ist und sich der ganze Aufwand mehr lohnt.
Für manche liebenswerten Männer gehört es zur Kosmetik, die Kleiderbürste zu benutzen, den Schuhputzer ins Brot zu setzen und die Anzüge rechtzeitig zur Reinigung zu geben. Man kann sie dafür nur loben. Manche aber gehen weit darüber hinaus, schaben ihre Reitstiefel mit alten Knochen, um ihnen den wahren Glanz zu geben, und reiben ihre Autos mit geheimnisvollen Pasten ein. Beides gehört nicht zu den Dingen, die einer Frau zuliebe getan werden, weshalb das weibliche Geschlecht ihnen auch ziemlich verständnislos gegenübersteht. Wieviel besser wäre es doch, wenn dieselben Männer statt des Leders und des Lackes ihrer äußersten Hüllen die Fettschichten unter der Haut in ihre Kosmetik einbezögen! Gewiß, die zu liebende Oberfläche eines Mannes vergrößert sich beträchtlich, wenn er dick wird, sein Ansehen und Einkommen steigen, er fordert und erhält mehr Respekt, und dennoch – ach, dennoch können wir den schmalen Jüngling in ihm nicht vergessen, dessen Profil einst so wenig Raum einnahm! So manche Frau täte weiser daran, drei Klafter knorriger Buchenkloben in den Hof fahren zu lassen, damit der Herrliche täglich eine Stunde Holz spalten kann, als ihm einen Karton von der Seife zu schenken, von der die ganze Zeit die Rede war!

Die schöne Geste

Der Spruch aus dem Jahre 1410: *»Besser ist haben gut Gebärd, als allen Reichtum auf der Erd«* gilt noch heute, zunächst natürlich für Staubsauger- und Eisschrankvertreter, für Verkehrspolizisten, für Friseure, Häusermakler und Filmschauspieler. Er gilt insbesondere dann, wenn sich diese Herren einer Frau nähern. »Wie führt er sich ein?« ist nicht nur eine Frage, mit der sich ein Abteilungsleiter nach einem neuen Angestellten erkundigt, es ist ein Kriterium von jenem Punkt an, an dem der Mann einer Frau den Hof zu machen beginnt. Dieser Zeitpunkt wird von den Frauen nicht nur höchst verschieden angesetzt, sondern auch verschieden bewertet.

»Hast du gesehen, wie der lange Dunkle mir nachgeschaut hat«, flüstert die Freundin der Freundin beim Verlassen des Restaurants zu. Wochen später stellt sich heraus, daß er gar nicht sie, sondern die Kellnerin gemeint hat. Sie hat sich nur geirrt, sie hat auch ein Naturphänomen zu persönlich genommen, das Naturphänomen, daß Männer Frauen nachschauen, ohne sich Wesentliches dabei zu denken.

Eine andere Dame weist den Antrag eines feurig Liebenden mit den Worten zurück: »Das kommt mir so überraschend, ich kenne Sie ja kaum!« – »Aber ich bitte Sie«, erwidert er, »seit Monaten bemühe ich mich um Sie, die ganze Stadt klatscht schon darüber ...« Verwirrt muß die Dame bekennen, daß sie das nicht gemerkt hat. Sie hat ein Naturphänomen zuwenig persönlich genommen. Obwohl es in beiden Fällen vielleicht am Wahrnehmungsvermögen der Damen gelegen hat, erhebt sich die Frage: Wie mag der Herr sich eingeführt haben?

Das junge Mädchen um 1760, das am Stickrahmen saß, hoffte noch, der Mann ihres Lebens würde sie in Gesellschaft mit etwa folgenden Worten anreden: »Mademoiselle erlauben, daß ich die Freiheit nehme, ihre Gedanken zu unterbrechen, welche vielleicht dem Liebsten gewidmet sind, will sie daran nicht hindern, sondern nur gestehen, daß sich derjenige zu gratulieren habe, welcher die Gunst eines so schönen Frauenzimmers besitzt.«

Diese Gestelztheit wurde damals für ein passendes Einleitungsgespräch gehalten. Hundert Jahre später schon hätte das junge Mädchen, das in einer lauschigen Ecke voller Blattpflanzen an einem Ziertischchen mit feinen Häkelarbeiten beschäftigt war, eine so umständliche Ansprache gar nicht zu Ende anhören können. Entweder wäre die anwesende Anstandsdame eingeschritten, oder aber es wäre die Pflicht des armen Wurmes gewesen, hochklopfenden Herzens zur Mama zu eilen, denn es galt der Satz: »Ein Mädchen, welches in den Aufmerksamkeiten eines Herrn mehr findet als bloße Höflichkeit, wird nicht zögern, seiner Mutter davon Mitteilung zu machen.«

Nochmals fünfzig Jahre später, und das Mädchen träumte davon, daß der schneidige Leutnant bei seinem Anblick den Schnurrbart zwirbeln, leise, aber doch hörbar: »Donnerwetter, tadellos!« sagen und sich ihm dann mit einer Bemerkung, wie: »Ha, die Sonne geht auf...« oder so ähnlich, nähern würde.

Dann kam das Zeitalter der Sachlichkeit für alles, außer für die Annäherung eines Mannes an ein junges Mädchen. In diesem Punkt hatte auch ich noch den Kopf voller Flausen. Aus keinem hochgelegenen Fenster konnte ich mich beugen, ohne davon zu träumen, daß ein Douglas-Fairbanks-Typ mit einem Säbel zwischen den Zähnen das Spalier heraufgeturnt käme, um mich zu entführen. Zitternd vor Spannung wartete ich auf den Tag, an dem sich ein Mann bei mir mit etwas ganz Außergewöhnlichem einführen würde, etwa mit der Feststellung, er wolle für mich sterben.

Nun, der Tag kam, und es war nicht ein Mann, es waren, wie im Märchen, drei. Der erste sagte: »Na, schöne Frau...« Von diesem überflotten Gewohnheits-Barbesucher wandte ich mich angewidert ab. Der zweite richtete seinen Blick nach einer höflichen Begrüßung auf den Bernsteinanhänger an meinem Hals und fragte: »Was haben Sie denn da umhängen, gnädiges Fräulein, das sieht ja aus wie Birnenkompott?« Ich errötete, fand ihn frech und vergaß ihn nie wieder. Der dritte aber sagte etwas völlig Triviales, Alltägliches, nämlich: »Guten Abend!« Und weil er zufällig der richtige war, war es auch das Richtigste, was er sagen konnte.

Da liegt das Geheimnis: Was der Richtige sagt, ist immer richtig. Verblüffend schnell überholt die Wirklichkeit die Jungmädchenträume und löscht sie aus. In einer Situation, in der der fesche Leutnant noch gesagt hätte: »Darf ich Ihnen meinen Arm anbieten, meine Gnädigste ... Ach, wäre es doch für immer!« nämlich auf Katzenkopfpflaster bei hohen Stöckelschuhen, sagte Jahrzehnte später ein liebenswerter Mensch zu einem jungen Mädchen: »Sie werden sich noch die Knöchel brechen. Nun hängen Sie sich schon ein, Sie gehen besser!« Aus diesem Satz entwickelte sich eine der glücklichsten Ehen, die ich kenne, und man könnte wahrhaftig nicht behaupten, daß die Einleitungsrede dazu besonders honigsüße Worte waren, die ja »die gute Gebärd« begleiten sollen.

Es kommen eben zu der »guten Gebärd« noch allerlei Imponderabilien hinzu. Die schöne Olivia aus Shakespeares »Was Ihr wollt« war von der charmanten Art, mit der sich Viola alias Cesario bei ihr einführte, derart begeistert, daß sie ausrief:

»... obschon mir's wohlgeht, über meine Lage:
Ich bin ein Edelmann! – Ich schwöre drauf!
Dein Antlitz, deine Zunge, die Gebärden,
Gestalt und Mut sind dir ein fünffach Wappen ...«

und dabei die Kleinigkeit übersah, daß sie sich in ein Mädchen verliebt hatte, was im folgenden zu allerlei Wirrwarr führte.

Jeder Frau gefällt es, wenn ein Mann sich um ihretwillen besonders liebenswürdig zeigt, dennoch ist das Wie, Was und Wann sehr wichtig. So mancher Zuhörer verdirbt einem eine spannende Geschichte, weil er dazwischenruft: »Nein, wie plastisch Sie das schildern!« Er meint es gut, aber es ist des Guten zuviel. Man hält erschreckt inne, überlegt sich, ob man vielleicht zu dick aufgetragen hat, wird verlegen und gewinnt den Zwischenrufer nie mehr recht lieb.

Auch mit »Guten Tag, meine Gnädigste, Sie werden immer schöner« ist größte Vorsicht am Platz. Es kann nämlich schiefgehen, weil die Dame gerade vom Spiegel kommt und, sofern sie leidlich intelligent, feststellen mußte, daß sie käsig aussieht und ihr die neue Frisur nicht steht. Wenn das Kompliment jedoch ins Schwarze trifft, nämlich an eine Stelle, die der Dame besonders wichtig ist und an der sie sich verkannt fühlt, dann wirkt es wie eine Gießkanne voller Regenwasser auf ein halbverdorrtes Blümchen.

Im Konversationslexikon steht: »Ein Kompliment ist eine mündliche oder schriftliche Achtungsbezeigung.« Und im Anstandsbuch von 1840 findet sich der Vers: »Wenn einer niest, so schrei nicht Prosit drein, ein stilles Kompliment wird angenehmer sein!« Zu Goethes Zeiten konnte man noch »mit einem Kompliment von der Frau Gevatterin« um ein Endchen Wachslicht bitten. Damals war es eine Art Fernverbeugung, und der Fechtlehrer brachte den jungen Herren bei, wieviel Schritt zurück oder seitwärts sie zu tun und wohin sie den Federhut zu schwenken hatten, ehe sie einer Dame ein Kompliment machten. Und dann war es ein Blödsinn wie: »Die Sonne ist aufgegangen, weil euer Liebden das Gemach betreten!«

Und heute? Heute wird es vielfach schon für ein Kompliment gehalten, wenn der Mann während eines leckeren, von seiner Frau gekochten Essens den mittleren Jackettknopf öffnet und dann mit einem langen Blick noch ein drittes Mal nimmt!

Die Kunst des Komplimentierens scheint degeneriert zu sein. Die gerade wild Verliebten brauchen dieses Gewürz des täglichen Lebens zuviel. Alle übrigen Männer zuwenig.
An einer Stelle sollen wir für die uns fehlenden Komplimente entschädigt werden: auf den Reklameseiten der großen Zeitschriften und im Werbefunk und -fernsehen. Da hagelt es Liebenswürdigkeiten, die in Wirklichkeit verzweifelt selten vorkommen. Oder hat schon jemand zu Ihnen gesagt: »Wie samtzart ist deine Haut!« oder »Wie bezaubernd du duftest« oder auch nur »Wie wundervoll schmecken deine Margarinebrötchen«?
Die Frage ist beileibe nicht damit gelöst, daß die Männer alle Komplimente sicherheitshalber weglassen. Um Himmels willen – ja nicht! Wir hätten dann alsbald jene entsetzlichen Szenen zu gewärtigen, die ein amerikanischer Karikaturist so schön gezeichnet hat. Da sieht ein Mann beim Ausknipsen der Nachttischlampe spät abends, daß seine im Nachbarbett steil aufrecht sitzende Frau zum Nachthemd den neuen Hut auf dem Kopf trägt. Auf seinen erstaunten Blick ruft sie bissig: »Ha, bemerkst du ihn jetzt endlich?«
Als ich mich bei ein paar Männern über ihre verständnislose Mundfaulheit beklagte, wurde mir erwidert, daß auch die Frauen ihr Teil Schuld trügen. Auf die Bemerkung: »Das Kleid steht Ihnen aber reizend«, habe ein Mann – zumindest bei uns in Deutschland – unweigerlich eine Entwertung dieses Kompliments zu erwarten. Sie reicht von »Ach das da, das ist ein uralter Lappen, den hab ich schon zehn Jahre« bis zu »Oh nein, das Ding sitzt nicht, ich seh drin aus wie eine Reklame für Nährbier!«

Im Süden Europas ist das anders. Die Spanierin, der ein Straßenkehrer zuruft: »Gepriesen sei die Mutter, die dich geboren hat!« erwidert durchaus nicht: »Was fällt Ihnen denn ein!«, sondern sie dankt mit einer leichten Verneigung. Eine deutsche Freundin von mir hatte sich den spanischen Sitten schon weitgehend angeglichen, als sie auf den feurigen Zuruf eines Caballeros: »Ich möchte mit Ihnen sterben, Señora!« eilig weitergehend entgegnete: »Danke vielmals, aber nicht jetzt, in fünf Minuten schließt die Post!«

Es wäre zu überlegen, ob man junge Mädchen außer Kuchenbacken und Stenographie nicht auch die Kunst lehren sollte, Komplimente liebenswürdig entgegenzunehmen. Schließlich sind Nettigkeiten, die sich die Männer für uns ausdenken, genauso ihren Dank wert wie etwa die Tatsache, daß sie uns ein heruntergefallenes Paar Handschuhe aufheben. In diesem Fall würde allerdings keine Frau sagen: »Ach, lassen Sie doch liegen, die hab ich schon so lange!«

Auch mit der höfischsten aller Höflichkeitsbezeugungen, dem Handkuß, kann derjenige nicht unser Herz erwärmen, dem die »gute Gebärd« fehlt. Da gibt es Männer, die unsere Hand zu früh wieder sinken lassen, ohne sie auch nur annähernd mit den Lippen berührt zu haben, so daß man sich fragt, ob man sich vielleicht nach dem Brikettstapeln nicht genügend die Hände gewaschen hat. Andere wieder halten gänzlich zu Unrecht den Moment für gekommen, um irgendein intimes Hokuspokus mit der ihnen gereichten Hand anzustellen. Sie wagen sich zu weit aufs Handgelenk vor oder gar an die Innenfläche, die ihnen nicht zugedacht ist. Stirnrunzelnd prüft die Dame ihr Gedächtnis, wann und wo sie diesem Herrn das Recht zu solch plumpvertraulichem Benehmen gegeben haben könnte. Selbst wenn sie es getan hat, empfiehlt es sich, mit dem zärtlichen Firlefanz zu warten, bis man mit ihr allein ist – sie wird dann auch das Stirnrunzeln unterlassen.

Nein, eine Frau vor Zeugen in eine noch so kleine Peinlichkeit hineinzumanövrieren, ist vollständig unverzeihlich, das lieben wir gar nicht. Die Herren dürfen sich beglückwünschen, daß wir nicht mehr im Zeitalter der Borgia leben, wo die Damen nicht nur sehr empfindlich waren und ein ausgezeichnetes Gedächtnis hatten, sondern auch die nötigen Gifte zur Hand. Sie mischten sie geschickt in den Wein, und der Gast, vom Geschmack der vielen Gewürze, die darin ohnehin herumschwammen, getäuscht, merkte zu spät, daß er sich die dumme Anspielung auf das Schäferstündchen vor drei Jahren besser verkniffen hätte.

Unwiderstehlich jedoch ist die »gute Gebärd«, die eine Frau vor Zeugen aus einer dummen Situation befreit. Die Gräfin Salisbury war im Jahre 1350 in so einer etwas peinlichen Lage, als ihr das blaue Strumpfband auf die Tanzfläche fiel. Sie hat es Edward dem Dritten sicherlich auf das charmanteste gedankt, daß er es nicht nur aufhob, sondern daraus den höchsten englischen Orden machte, um dieses intime Zubehör hoch zu ehren und damit das Kichern der Höflinge zum Schweigen zu bringen.

Manche kleinen Dummheiten werden für uns von unseren Rittern ohne Furcht und Tadel ausgebügelt, ohne daß die Welt davon erfährt. Was sie erfährt, sind immer nur die großen, die historischen Gelegenheiten.

Als Katharina die Zweite von Rußland auf ihrem weißgrauen Tigerhengst inmitten ihrer Getreuen nach Peterhof ritt, um ihrem Schattenmann und Schattenzaren auf die Finger zu klopfen, gab sie, mit ihren gelösten Haaren, einem Soldatenhut mit Eichenzweig und dem Band des Andreasordens über der Brust, ein herrliches Bild. Nur eine Kleinigkeit stimmte nicht. An ihrem Degen fehlte das Portepee. Natürlich war dieses Zeichen der Offizierswürde in der gegebenen Situation unnötig, aber ein junger Offizier aus ihrer Schar litt es nicht, daß seine Zarin eine Mannschaftsplempe umgeschnallt trug. Er ritt eilig, aber diskret an sie heran, band sein Portepee ab und reichte es ihr. Sie lächelte ihn an und vergaß es ihm nie. Er wurde durch ihre Gunst später einer der mächtigsten Männer Europas, nämlich Fürst Potemkin.

Dieser Herr scheint übrigens ein Meister der richtigen Geste zur richtigen Stunde gewesen zu sein. Als es ihm nicht schnell genug gelang, der Geliebte der Kaiserin zu werden, ging er aus angeblicher Verzweiflung über die Kühnheit und Hoffnungslosigkeit seiner Neigung ins Kloster. Aber nur von Dienstag bis zum folgenden Montag. Die große Katharina schmolz prompt. Da sieht man, was eine Geste wert sein kann.

Ach, es sind nicht nur die großen Gesten, die etwas wert sind, fast genausoschwer wiegen die kleinen. Die aus dem Lehrbuch sind schon in Vergessenheit geraten. In Mitteleuropa erhebt sich kaum einer noch, oder richtet wenigstens seine übereinandergeschlagenen Beine gerade, wenn eine Dame an den

Tisch tritt. Nur noch gelegentlich reißt einer die Hände aus den Hosentaschen, wenn er grüßt. Man darf schon froh sein, wenn er nicht über alle Zahnplomben gähnt oder brüllend niest, weil er mal gelesen hat, so sei es gesünder.
Die »gut Gebärd« der alten Anstandsbücher sitzt heute manchmal innerlich und macht auch in dieser Form Freude. Mir zum Beispiel, als mir neulich der junge Bartträger die Lifttür festhielt, weil ich unter meinen Paketen wankte, und barsch fragte: »Wo wollen Sie denn hin damit? Warten Sie doch, ich helf Ihnen ja!«

Ein Wölkchen Rauch

Viele Frauen glauben, das Beste, was ein Mann sein könne, sei Nichtraucher. Wie weiß blieben dann die Gardinen, wieviel Geld sparte man pro Tag, pro Jahr, bis zur Silberhochzeit! Enorm gesund wäre er dann, und sicherlich brauchte man nur halbe Lebensversicherungsprämie zu zahlen, und wie gut röchen seine Anzüge, wenn sie nicht von Qualm durchzogen sind. Außerdem hätte er stets die Hän de frei, zu helfen oder um Zärtlichkeiten zu erweisen. Und wieviel mehr Zeit hätte man als Frau, diese entgegenzunehmen, da man nicht pausenlos Fenster aufreißen und Aschenbecher ausleeren müßte, die er natürlich nur in Ausnahmefällen benutzt, weil er für gewöhnlich die Asche auf den Teppich fallen läßt. Gewiß, an dieser Argumentation ist etwas dran, aber auch etwas drin, nämlich ein paar Denkfehler. Der alte Spruch lautet: »Der Tobak genieret die Frauenzimmer und däucht ihnen ein grauslich Gelüft.« Das war zu einer Zeit, in der das Rauchen in Gegenwart eines Frauenzimmers als etwas »durchaus Pöbelhaftes« galt und man allen Ernstes von einem Herrn verlangte, daß er »die Toilette von Kopf bis Fuß wechsele, ehe er einer Dame nahe trat.«

Heute aber kann er ihr rauchumwallt nahetreten. Heute raucht sie nämlich selber. Auf dem Nachttisch sogar steht der Aschenbecher neben dem

Reisewecker und dem Schmuckschälchen, und nicht immer läßt sich mit Gewißheit angeben, ob es Monsieur oder Madame war, die die kleinen kreisrunden Funkenlöcher mit dem braunen Rand in die Überschlaglaken gebrannt hat.

Die gewissen moralischen Widerstände erheben sich nun nur noch bei gemischten Ehen, nämlich solchen zwischen Rauchern und Nichtraucherinnen oder umgekehrt. Der, der nicht qualmt, bezichtigt den anderen der Haltlosigkeit, der Charakterschwäche, der Verschwendungssucht und des stetigen Untergrabens seiner Gesundheit. Der, der qualmt, wirft dem anderen säuerliche Enthaltsamkeit, Fanatismus und Tugendbeutelei vor und erwähnt beiläufig, daß bei Menschen ohne Schwächen alle Vorsicht geboten sei: sie seien streitlustig, ungemütlich und unangenehm. Wegen des bißchen Rauchs ist der Ehekrach fertig.

Diejenigen unserer Schwestern jedoch, die kurze Zeit mit Männern leben mußten, die sich das Rauchen abgewöhnt hatten, versichern, dies sei eine der Höllen, die Dante zu schildern vergessen hat. Ich sehe von den seltenen Ausnahmen ab, die das Rauchen sein lassen und niemals darüber sprechen. Die übrigen bekommen vorübergehend etwas peinlich Naturapostelhaftes, wollen ihre Umwelt reformieren und suchen durch Naschsucht und nervöse Fingerspiele den Rauchgenuß zu kompensieren. Außerdem verlangen sie Bewunderung und Mitleid.

Aus einem solchen frischgelüfteten, sauberen, aber stink-ungemütlichen Hause zurückgekehrt, macht sich manche Frau in stiller Stunde klar, daß etwas so Fabelhaftes wie ihr Mann beim lieben Gott in Nichtraucher eben nicht vorrätig war, ja gar nicht

vorrätig sein konnte, und geht in sich. Schweigend gibt sie die Vorhänge mal wieder zum Entgilben und stellt weitere Aschenbecher auf.
Von den Rauchern, die uns beigesellt werden, scheint manchen Frauen der Pfeifenraucher am liebenswertesten. Er verbreitet natürlich nicht nur Gemütlichkeit, er verlangt auch welche. Hast und Aufregung sind in seiner Gegenwart unmöglich. Schon die ganze Prozedur des Anzündens hat etwas Gemächliches, von dem Augenblick an, wo er an seinen Kleidern herumtastet, seinen Tabaksbeutel sucht und hervorzieht.
Auch wenn soeben ein Prozeß verlorenging, unmittelbarer Ruin droht und eine harmlos aussehende Krankheit in der Familie sich als Beulenpest erweist, wird man in den folgenden Minuten ihm keinen Kommentar entreißen. Wenn er überhaupt den Mund auftut, dann nur zu der Frage, wo der Beutel mit dem zweiten, dem anderen Tabak ist. Dann wird der Stopfer oder Daumen schweigend wüten, es werden einige Streichhölzer verbraucht, und dann wird der Mann tief und fest an der Pfeife ziehen. Wenn er begonnen hat, durch sie hindurch zu atmen, wird er sich gerne all das anhören, was die Frau ihm seit geraumer Weile sagen will.
Was es auch sei, es wird sich inzwischen etwas gesetzt, geläutert und entgiftet haben, so daß also auch die eheliche Unterhaltung an der Pfeifengemütlichkeit partizipiert. Was bedeutet es angesichts eines solchen Friedens, daß er gedankenvoll nach dem Häkelhaken aus dem Nähkasten greift, um damit in der Pfeife herumzubohren? Wenn man ihn liebt, wird man darüber ebenso hinwegsehen wie über die Stellen, an denen er seine Pfeife ausleert,

wenn der Aschenbecher nicht neben ihm steht. Dafür sitzt er männlich-gemütlich da und läßt die Weltgeschichte ohne sich weitergehen. Es wäre undenkbar, daß er nun, da seine Pfeife richtig zieht und alles in Ordnung ist, aufspränge, um etwa einen Mord zu begehen, eine Partei zu gründen oder uns mit jemand anderem zu betrügen.

Für Frauen, die sich besonders beschützt und behütet fühlen wollen und sich freudig männlicher Autorität beugen, kommen hauptsächlich Zigarrenraucher in Frage. Man sagt ihnen Güte, Humor, ruhige Tüchtigkeit und ein hohes Gehalt nach. Dazu kommt der attraktive Zug, daß sie ihrer Zigarrenmarke und ihrem jeweiligen Frauentyp stur treu bleiben. Zigarettenraucher wechseln da viel häufiger. Eine Blumenfrau hat mir erzählt, daß sie sich, wenn sie mit ihrer bunten Last ein Lokal betritt, zunächst an zigarrenrauchende Herren wendet. Diese, so sagt sie, ließen sich nicht lumpen.

Lumpen nicht, aber auch nicht ausplündern. Eine kleine Geschichte über diesen Punkt ging seinerzeit durch alle Zeitungen der Welt. Eine junge, zielstrebige Maniküre, die zu einem reichen Ölmagnaten ins Hotelzimmer bestellt war und in der beim Anblick des gemütlich Zigarre rauchenden Mannes der Wunsch erwachte, einige Jahre ihres Lebens von seiner Großzügigkeit zu leben, machte einen ungeschickten Versuch, ihn zu erpressen. Sie zerriß ihre Kleider, wühlte in ihren Haaren und klingelte wie verrückt nach dem Hotelpersonal. Als man herbeistürzte, gab sie an, der jetzt so scheinheilig dasitzende Magnat habe den Versuch gemacht, sie zu vergewaltigen und sei ihr Genugtuung schuldig. Der Ölkönig lächelte nur und blieb sitzen. Er hatte nur

einen Zeugen, der zu seinen Gunsten sprach – die gleichmäßige und unversehrte Aschenspitze seiner Importe, an der Fachleute erkannten, daß sie keinen Moment zum Vergewaltigen aus der Hand gelegt worden sein konnte.
Heute haben die großzügig-autoritativen Zigarrenraucher ein wenig an Reiz eingebüßt. Das liegt aber nicht an ihnen, sondern an den viel zu kleinen Räumen, in denen wir leben. Wo sind die riesigen Jagdzimmer voller Geweihe, die eichenen Herrenzimmer und Bibliotheken, in denen sich nach schweren Mahlzeiten der Zigarrenduft blumengleich entfaltete? In unseren winzigen Zimmerchen kann man noch so oft Fenster aufreißen, es bleibt ein Mief zurück, der an auf dem Ofen getrocknete Windeln kinderreicher Familien erinnert und unwillkürlich unsere Gefühle für den Urheber dieser Erscheinung etwas abkühlt. Die berühmten Rauchverzehrer aus Porzellan in Form von traulich glotzenden Eulen nützen da wenig. Der ihnen entströmende Wasserdampf bindet die Rauchteilchen und setzt sie als Schmiere auf allen Möbeln ab, was keiner Wohnung gut bekommt. Auch keiner zarten Beziehung. Der Gestank aber bleibt der gleiche und beleidigt weiterhin das Gemüt der normalen Hausfrau, sofern sie nicht infolge glücklicher Liebeserlebnisse mit einem Zigarrenraucher dieses Aroma schlechterdings als Begleitumstand irdischer Seligkeit empfindet. In diesem Falle kommt es dann weder auf die Marke der Glimmstengel noch auf die Größe der Räume an.
Einem Pfeifenraucher kann man zum Geburtstag freudige Überraschungen bereiten – und wie sehr liebt man an jedem Mann die Freuden, die man ihm

machen kann! – Schenkt man ihm eine weitere Pfeife zu den etwa fünfzehn, die sein Pfeifenbrett zieren, so wird er begeistert sein. Dem Zigarrenraucher kann man nur ein Kistchen jener altbekannten, altgewohnten Zigarren schenken. Wehe, wählt man solche, die einem Händler oder der Versandkatalog als »vollmundig« angepriesen hat. Ich habe das nur einmal im Leben aus Versehen getan. Ich bekam meinen Dankeskuß, doch dann rauchte er sich eine an, und sein Gesicht verzog sich schmerzlich. Diese eine rauchte er zu Ende, aus Herzenstakt, um mich nicht zu kränken, und den Rest hat er nach und nach dem Kohlenhändler geschenkt.
Bei einem Zigarettenraucher lieben wir die Unbekümmertheit, mit der er sich auf neue Genüsse stürzt. »Ach, die da«, sagt er, vor seinem Geburtstagstisch stehend zu der Hundertpackung der unbekannten Sorte, »schön, versuch' ich mal die!«
Auch das prachtvolle neue Zigarettenetui vom Juwelier nimmt er, läßt es von einer Hand in die andere gleiten, legt es dann ins Schubfach und entnimmt seinen täglichen Rauchbedarf wieder einer frisch aufgerissenen Packung.
Ein großer Vorteil, den die Frauen an den Zigaretten ihrer Männer lieben, ist der, daß sie so kurz sind. »Nur noch eine Zigarettenlänge« bleibt man bei seinen Gastgebern, die schon heimlich gähnen, eine gelegentliche Kurzpause in der Länge einer Zigarette schützt vor dem Ausbruch der Managerkrankheit, und wenn man aus dem Kino auf die Straße tritt, hat man selbst noch nicht den obersten Mantelknopf zu, da glimmt das Stäbchen schon. Ebenso schnell ist es ohne Bedauern getötet, wenn es heißt: »Bitte zum Essen!« oder »Du, ich muß mal schnell

hier diese Barockkirche besichtigen, kommst du mit hinein?« Als nichtrauchende bessere Hälfte eines Rauchers nimmt man allerdings in Kauf, in der Theaterpause im inneren Foyer allein zu bleiben und die Eigenheiten des Publikums für sich allein beobachten zu müssen, während der Herrlichste draußen im blauumwölkten Vorraum, wo es zwischen den Klapptüren elend zieht, mit allen anderen Rauchern lustwandelt.

In den Büchern, die ich als Backfisch heimlich las, stand geschrieben, man solle einem Mann zuschauen, wie er mit einer Zigarette umgeht, dann erführe man auf diskrete Weise, wie er zu einer Frau ist. Da ich schlechten Büchern alles aufs Wort glaubte, kontrollierte ich von Stund an alle männlichen Erwachsenen auf ihre Liebesfähigkeit. Bewies die Art, wie sie die Packung aufrissen, das nötige Fingerspitzengefühl? Hängten sie die Zigarette achtlos in den Mundwinkel oder klebten sie sie gar an die Unterlippe, während sie rauchten? Drückten sie sie brutal und nur halb im Aschenbecher aus? Zogen sie hastig und zersteut, oder genossen sie aufrichtig und dankbar? Es war nicht von der Hand zu weisen, daß sie vielleicht später mit anderen Genußmitteln ähnlich umgehen würden. Ich hatte bei meinen Beobachtungen meist ein schlechtes Gewissen wie ein Astlochgucker und errötete um so heftiger, je weniger ich daraufhin Lust hatte, noch mehr Intimes über den jeweiligen Raucher zu erfahren.

Die Schlüsse, die ich zog, sah man mir nicht an der Nase an. Das einzige, was passierte, war, daß ein älterer Tanzstundenhalbgott mit wundervoller Bügelfalte mich einmal gönnerhaft fragte: »Na – Sie möchten wohl auch eine?« und sein Etui aus der Tasche zog.

Es wird wohl niemanden geben, der an einem Mann die vergilbten Fingerspitzen liebt. Dann doch noch eher eine Zigarettenspitze, die oft als angeberisch empfunden wird, es aber absolut nicht zu sein braucht. Sie hat einen ganz anderen Nachteil: Sie bringt allzuviel Abwechslung ins tägliche Leben. Leicht und glatt, wie sie ist, rutscht sie öfters aus der Tasche, etwa, wenn ihr Besitzer die Riesenwelle am Reck macht; sie bleibt auch bei Freunden liegen und verursacht heftiges Telefonieren; sie fällt hinters Bett und versetzt durch ihr Fehlen den Mann in betrübte Unruhe, weil er sein Gewohntes nicht hat.

Die Raucherin wird an einem ebenfalls rauchenden Mann die Zigarette schon deshalb lieben, weil er für sie ein wandelnder, stets griffbereiter Vorrat an Rauchbarem ist. Doch selbst die Nichtraucherin wird auf seine Frage: »Darf ich mir bei dir eine Zigarette anstecken?« freudig bejahen, denn diese Anfrage sagt dreierlei aus. Erstens: er ist höflich genug, die Möglichkeit ins Auge zu fassen, daß es uns unangenehm sein könnte. Zweitens: er fühlt sich wohl und zu Hause und will es sich gemütlich machen, was unbedingt für uns spricht. Drittens: unsere Gegenwart war bis zu diesem Augenblick so aufregend, daß er seinen Rauchhunger zurückgestellt hat, was genauso für uns spricht.

Es kann auch sein, daß diese seine Anfrage, ob er rauchen darf, mit keiner der drei Antworten das geringste zu tun hat. Dann allerdings lieben wir vielleicht den Mann mit all seinen Fehlern, und damit entfällt die Frage nach Rauch oder Nichtrauch sowieso.

Männer auf Reisen

Die Männer, die man auf Reisen kennenlernt, die meine ich nur am Rande. Die führt der Zufall herbei, und gegen den Zufall ist man machtlos. Aber auch bei Reisebekanntschaften liegen die Dinge nicht so romantisch, wie es den Anschein hat.
Es soll hier von Männern die Rede sein, die man bereits kennt und mit denen zu reisen unvermeidlich ist. Ich setze voraus, daß Sie den Ihrigen lieben, ganz gleich, ob Ihre Beziehung nun gesetzlich fixiert ist oder nicht! Legen Sie alle festen Vorstellungen von der Reise ab, die Sie antreten! Lassen sie sich überraschen! Es reist nämlich etwas mit, dem daheim gewisse Grenzen gesetzt sind: das Freilufthobby.
Ich sehe selbstverständlich ab von dem extremen Fall eines Amateurfunkers, der Rufzeichen und Peitschenantenne hinten am Wagen trägt. Der hat dann natürlich nicht mal einen Seitenblick für den schiefen Turm von Pisa, weil er gerade mit D-C7A mobil verkehrt.
Nehmen wir einen ganz normalen Fall: den Amateurfotografen. Daheim hat er das eigene Haus schon hundertmal aufgenommen. Was ist ihm die Reise anderes als eine Motivsuche? Man hat noch Glück, nicht in bleischwere Fototaschen eingeschirrt hinter ihm hertraben zu müssen. In jedem Fall ist man gezwungen, in irrsinniger Hitze zu

warten, bis die Sonne das drittoberste Schalloch des Campanile erreicht hat, und muß in schlechtem Italienisch den bärtigen Alten aufhalten, damit er mit aufs Bild kommt. Es ist sinnlos, einem Mann, der den Blick im Sucher hat, vom Geist des Ortes, auch genius loci genannt, zu reden. Nicht der Tod Dantes ist ihm wichtig, sondern Blende 8.

Eine alltägliche Spezies ist auch der Wandersmann. Wehe der Frau, die gemeint hat, sich im Urlaub neben ihm ausschlafen zu dürfen. Schon früh um 6 Uhr stößt er tief atmend die Fensterflügel auf und sucht seine Haferlschuhe, um heute die kleine Schanze mit Rückweg über Dröselbach (5 Stunden, sehr schöne Aussicht) zu machen. Die Schatten werden lang sein, ehe seine Begleiterin zu Ruhe und Fußpuder heimkehrt. Dabei hat sie noch den Vorzug, daß er im Waagerechten wandert und nicht auf stark geneigten Flächen. Ich kenne einen Mann, der seiner Frau eine wundervolle Reise versprach und sie dann zwei Tage und eine Nacht über den Piz Palü schleppte, mit Eispickel und Bergführer.

Bei Männern, die nach Süden reisen, vom Mittelmeer magisch angezogen, unterscheidet man zwei Sorten: den Überwassertyp und den Unterwassertyp. Der Überwassertyp ist im Grunde eine Steigerung des Seglers auf heimischen Süßwassern. Die Anreise mit ihm geht überaus langsam, weil das Boot hinten am Auto hängt. Haben Sie nicht schon daheim auf dem Boot bei frischer Brise schwer arbeiten müssen, hart angelassen wie der letzte Schiffsjunge, die Nase im Sonnenbrand abblätternd, bis zum Knie naß? Haben Sie nicht bei Flaute endlose, gereizte, durstgeplagte Stunden mit ihm verbracht, am Mast kratzend, um Äolus zu beschwören? Glauben Sie im Ernst, eine Reise auf einem Mittelmeerkreuzer sei anders? Hat er Segel, so leben Sie praktisch im Keller des Fahrzeuges, denn das Deck, auf dem Sie sich zu sonnen gedachten, ist voller Taurollen und Gischt der Wellen. Hat er einen Motor, so haben sie zwar Raum für Korbstühle an Deck, doch ach, Sie werden wohl kaum drin sitzen. Wer bedient die Lenzpumpe, wer leiert die Ankerkette hoch, wer wäscht das Schiffchen mit Süßwasser nach größerer Fahrt, wer schläft stets nur mit einem Auge, weil die anderen Yachten am überfüllten Liegeplatz knarrend gegen Ihre Fender drängen und einige Meter von Ihrem Kopfkissen entfernt lebhaft Bordfeste stattfinden? Sie, meine Liebe! Ihr August Weltumsegler steht leuchtenden Auges am Steuerruder, wenn der Kahn die Brecher durchpflügt. Sie aber liegen, von allerlei Kanten blaugeschlagen, einen Eimer neben sich, elend in Ihrer Koje. Mein ist die Reise, spricht der Herr.

Blicken Sie, wenn Sie am Strand entlangschippern nicht neidvoll auf die dort wirkende Frau des Unterwassertyps. So leicht hat die es nämlich auch nicht. Der Mann, mit dem sie reist, ist Schnorchler oder Taucher. Sie sieht wenig von ihm: geruhsam zieht auf der Wasseroberfläche der Schnorchel und der Boden seiner Badehose dahin. Manchmal deutet er bei den Felsen gurgelnd auf etwas, das er entdeckt hat, und dann muß sie ihrerseits die Maske aufsetzen, den noch von vorhin feuchten Badeanzug wieder anwürgen und nachsehen kommen. Ferner wird von ihr erwartet, daß sie aus ungeeignetem Holz am Ufer Feuer schlägt, um erbeutete Seetiere daran zuzubereiten. Anschließend darf sie mit Meerwasser und Sand Geschirr spülen. Von maleri-

schen Hafenstädten sieht sie wenig, denn es wird nur in jene Orte gefahren, an denen man die Preßluftflaschen wieder füllen kann, und das sind meist die uninteressantesten.
Doch auch ohne Hobby können Sie bei einem Mann auf Reisen Überraschungen erleben. Ist er einer, den auf Reisen das Fremde und Neue anzieht? Den gab es schon zur Goethezeit. Brach ein Rad der Postkutsche, hieß es in feuchten Wäldern warten, gab es schlechte Unterkunft oder erst nach langem Verhandeln mit dem mürrischen Wirt überhaupt etwas zu essen – er achtete es für nichts gegenüber dem Abenteuer, anderswo zu sein. Beim Licht der Unschlittkerze schrieb er mit begeisterungstriefendem Gänsekiel nach Hause, wie bemerkenswert alles sei.
Diesen Typ gibt es noch, man merkt es nur daheim nicht. Er, der den Thermostaten nicht aus dem Auge läßt und dauernd die Fenster aufreißt, weil er es »zum Ersticken heiß« findet, singt und pfeift in Spanien vergnügt bei 36 Grad im Schatten. Hat er nicht neulich wegen einer höheren Telefon- oder Lichtrechnung hochnotpeinliche Verhöre mit der ganzen Familie angestellt? Unterwegs zahlt er widerspruchslos den wildesten Nepp, rechnet nicht nach, ist überaus spendabel. Zu Hause gähnt er schon um 9 Uhr und beantwortet keine Frage mehr. Jetzt schleift er nach achtstündiger Fahrt seine Begleiterin in Theater und Kabaretts und ist womöglich anschließend noch zur Liebe aufgelegt. Kurz, man erkennt ihn nicht wieder.
Oder ist der Ihrige im Gegenteil ein Typ, der sein Zuhause überallhin mittragen möchte wie ein angewachsenes Fell? Zu Hause vergißt er keinen Ge-

burtstag, hat den abgerissenen Knopf nicht verloren, sondern brav in der Tasche und geht so pünktlich mit dem Hund hinunter, daß man die Uhr danach stellen kann. Doch nun verlangt er, daß in der Fremde alles genauso klappt. Er ist persönlich beleidigt, daß man mit dem errechneten Tagessatz nicht auskommt. In jedem, der sich ihm oder dem Wagen nähert, sieht er den potentiellen Ausbeuter. (»Das macht mir meine Werkstatt zu Hause für die Hälfte!«) In den abgelegensten Weltgegenden verlangt er deutsche Küche, Bier, komfortable Wärme oder Kühle. Dabei aber sollen sich, wie im Fernsehen, vor ihm Palmen im Winde wiegen oder die Beefeaters in traditioneller Tracht durchs Fenster hereinschauen. Mit den Einheimischen will er keinen Kontakt, höchstens mit Landsleuten, mit denen man reden und Skat spielen kann. Er ist auch böse, wenn der Kiosk die Heimatzeitung nicht führt. So schön kann der sich bei Fackelschein nähernde Triumphzug in Aida in der Freilichtarena gar nicht sein, daß er darüber vergäße, wie hart er sitzt und daß der Eismann ihm vorhin falsch herausgegeben hat. Ich kann seine Begleiterin nur für die Dauer der Reise bedauern, nachher nicht mehr: daheim ist er wieder der gleiche nette Mensch wie immer.

Umgang mit Liebhabern

Es hat keinen Sinn, die Tatsache zu leugnen, daß die Männer dann am interessantesten sind, wenn sie einem den Hof machen. Es ist jedoch selten, daß Frauen so ehrlich sind, dies zuzugeben. Die Freundin muß der Freundin schon sehr nahestehen, wenn sie eine dahin zielende Bemerkung zu hören bekommt. Was jedoch nicht erwähnt wird, ist dies: Auf der Klaviatur der Nuancen, mit denen ein Mann einem den Hof machen kann, verrosten heutzutage ganze Oktaven von Tönen, weil sie nicht mehr angeschlagen werden. Die schöne Kunst des Flirts degeneriert zusehends! Warum künstlerisch, wenn es auch primitiv geht, lautet die Parole. Sollte das an uns Frauen liegen, so wollen wir schleunigst in uns gehen und unsere Waffen prüfen. Der leichte Flirt, der schwebende, darf nicht untergehen, bloß weil unsere Männer heutzutage alles immer bis zum Ende durchführen müssen, um sich in ihrer Männlichkeit bestätigt zu sehen.

Und dabei ist der Flirt die einzige Gefechtsart, bei der es keine Besiegten gibt. Bei den tragischen, ernsthaften Lieben bleiben oft zwei, ja manchmal sogar drei Schwerverwundete auf dem Platze. Ein Flirt jedoch läßt noch nach fünfzig Jahren weißhaarige Damen vergnügt lächeln und in ihrem Strickzeug eine Masche fallen. Er hat vielleicht nur einen einzigen Tanz lang gedauert, eine Dampferfahrt, einen Spaziergang über, und sein größter Reiz ist der, daß man es nicht ganz genau weiß, wie ernst er gemeint war. Das ist ebenso spannend wie in einem Kriminalroman – man beobachtet den Täter zwar bei der Tat, aber man fragt sich: Ist er nicht doch unschuldig? Hat der Mann, dessen Griffe beim Tanzen immer zärtlicher werden, diese Gewohnheit immer, oder gilt sie mir persönlich? War mir wirklich ein Federchen ins Haar geflogen, oder war das nur ein schlauer Anlaß für den Jüngling, mich zu streicheln, während ich ganz stillhalten mußte? War bei dem Faschingsball der zwischen Luftschlangen und Bockwürstchen unvermutet losbrechende Kuß persönlich an mich adressiert oder nur ein Zugeständnis an die allgemeine Lebensfreude? Gehört das sich gegenseitig mit Lichtschutzöl Einreiben im Ernst zu jedem Skiausflug und Strandgetümmel? Aha, das lange Gespräch mit dem seriösen Herrn gestern war nicht nur ein Versuch, mich fortzubilden: heute bringt die Post ein Inselbuch, in dem die zu unserer Unterhaltung passenden Stellen angestrichen sind! Gerade bei einem wirklichen Gentleman darf, ja soll die Grenze zwischen dem So-tun-als-ob und dem Ernstgemeinten so zart verfließen wie die Grenze zwischen dem Blau und dem Violett im Regenbogen. Man muß da auch blinzeln, ehe man sie klar erkennt. Es kann sehr liebenswert an einem Mann sein, wenn er eine Stunde lang mit dem Thema: »Wissen Sie, gnädige Frau, ich bin nämlich ein Mensch, der ...« nicht fertig wird. Er kann sogar eine weitere Stunde daranhängen, solange wir nur das Gefühl haben dürfen, daß diese Lebensbilanz schon lange unerlöst in ihm geschlummert hat und daß sie uns gilt, nur uns allein. Wenn es ein Thema gibt, das uns noch besser gefällt, so ist es das Thema, das auf der ganzen Welt das interessanteste ist: wir selbst. Dazu können wir nie genug Variationen hören. Es ist neu und herrlich aufregend zu vernehmen, an wen wir ihn gerade erinnert haben (hoffentlich an jemand recht Netten), wie wir gerade aussehen (selbst ein absurder Vergleich schadet nicht, sofern er etwas Zärtliches oder Schmeichelhaftes enthält). Heutzutage wird ein junger Mann nicht mehr am Liebeshof der Königin Jeanne les Baux erzogen, er versteht es vielleicht nicht mehr so gut, einer Frau die Welt zu Füßen zu legen, ohne handgreiflich deutlich zu werden. Wenn sich das Gespräch längere Zeit um den Bamberger Dom gedreht hat, so wird einem zartbesaiteten Frauentyp der Hinweis: »Wie schön wäre es, wenn ich Ihnen dieses großartige Bauwerk einmal zeigen dürfte!« als Huldigung völlig genügen. Anderen Frauen wiederum imponiert es, wenn der Mann plötzlich nonchalant sagt: »Was tun Sie eigentlich nächsten Dienstag? Fahren wir doch hin!« Diese etwas robusteren Frauentypen erwidern keineswegs: »Aber ich bitte Sie, das geht doch nicht, daß ich mit Ihnen verreise«, sondern sie erröten freudig und suchen nach ihrem Hutkoffer.

Damit aber ist der eigentliche Flirt zu Ende, der ja nur eine Ouvertüre ist – eine Ouvertüre, auf die keine Oper folgt. Natürlich kann sich an das Vorhergegangene eine Liebe mit Pauken und Trompeten anschließen, so was kommt vor, aber das hat mit dem Flirt nichts mehr zu tun. Schließlich entwikkeln sich ja auch Lawinen aus einem kleinen Schneeball und begraben Häuser und Dörfer.

Für den werdenden Liebhaber gelten auch heute

noch gewisse beherzigenswerte Regeln, obwohl man uns durch statistische Zahlen über den Männermangel nervös machen will und daher erwartet, daß wir jedem beliebigen Mannsbild mit dem Jauchzer: »Na endlich!« die Arme um den Hals schlingen. Wenn sich auch die höfischen Regeln gelockert haben, so gelten gewisse künstlerische doch noch immer. Wer wird zum Beispiel grasgrüne Äpfel vom Baume reißen, die wenige Tage später Farbe und Duft entwickelt hätten! So ist denn manche Frau, die auf der Heimfahrt vom Theater das Auto ihres Begleiters überstürzt verläßt, um mit einer Taxe nach Hause zu fahren, nicht deshalb gekränkt, weil er sie geküßt hat, sondern weil er sie zu früh geküßt hat. Auch das erste Du erfolgt in vielen Fällen zu früh, und wenn ich daran denke, fällt mir immer die Königin Isabeau, die Gemahlin König Karls VI. von Frankreich, ein. Einer ihrer Liebhaber glaubte am Morgen nach einer Liebesnacht, die zu beschreiben nicht in meiner Kompetenz liegt, die Königin duzen zu dürfen. Isabeau sagte darauf nichts. Es kann sein, daß ihr Lächeln etwas Verbissenes bekam. Doch am Abend desselben Tages ließ sie den jungen Mann ergreifen und unter einem der juristischen Vorwände, die Königinnen zur Verfügung stehen, auf dem Grève-Platz aufs Rad flechten.
Das Verfahren ist etwas hart, ich würde es für ein falsch angewandtes Du auch übertrieben finden, doch gefällt es mir als Warnung für jene Männer, die in dem Augenblick aufhören, Werbende zu sein, wo man den ersten freiwilligen Schritt auf sie zutut. »Ich wußte es – du liebst mich!« rufen sie aus, und eine leichte Gänsehaut der Enttäuschung überläuft die Frau. Ach, nichts steht einem Mann besser an als

Demut im Augenblick des Triumphs, und sei er auch eine jener ganz selbstsicheren Persönlichkeiten, die ihre Kreuzworträtsel immer gleich mit Tinte lösen. Wieviel wärmer schlägt unser Herz in diesem Fall für den Schüchternen, der nie ganz an sein Glück glaubt, auch wenn man schon als »Herr und Frau Meier« mit ihm im Hotel der fremden kleinen Stadt eingetragen ist!

Manche Männer, die ihrer männlichen Reize insgeheim nicht ganz sicher sind, glauben uns in Situationen hineinmanövrieren zu müssen, die uns die bedingungslose Kapitulation leichter machen. Hierhin gehört der Spaziergang bei heraufziehendem Gewitter und das Schutzsuchen in einer Scheune. Da nun draußen die entfesselte Natur ihren Lauf nimmt, meint der werdende Liebhaber, drinnen müsse sie es auch. Er mutet damit einer kultivierten Frau allerlei zu. Gewiß, es ist dunkel, alles ist voller Heu, dennoch ist die Dekoration keineswegs romantisch. Das Heu ist staubig und sticht, rostige Harken und anderes Gerät fallen einem auf den Kopf, und zwischendurch muß man auch noch niesen.

Ein anderer werdender Liebhaber wiederum meint, es sei besser, nicht an die Schutzbedürftigkeit einer Frau gegenüber den rasenden Elementen zu appellieren, sondern an ihre Naturverbundenheit. Er wählt für die große Liebesszene den würzig duftenden Waldboden. Doch damit ist es auch nichts Rechtes. Der Boden duftet zwar würzig, aber er ist ziemlich hart. Ameisen kriechen dort, Tannennadeln und kleine Zweiglein liegen reichlich darauf herum, und außerdem wird man von Mücken zerstochen. Jeden Augenblick ist mit dem Auftauchen von beerensuchenden Kindern, Pilzweiblein oder Förstern zu rechnen. Eine Frau, bei der noch ein geringes Schamgefühl erhalten geblieben ist, geniert sich sogar vor einem Reh. Bei jedem Geräusch erschrickt sie daher und hat von der ganzen Zärtlichkeit so gut wie nichts. Das ist so eine von den Gelegenheiten, die absolut nicht Diebe macht. Ein rücksichtsvoller Mann sollte sich daher eine andere suchen. Entweder eine andere Gelegenheit oder eine andere Frau.

Ich will hier nichts gegen die Dreistigkeit an sich gesagt haben, mit der beispielsweise ein Mann in der Philharmonie während César Francks Symphonischen Variationen sein Knie empörend nahe an das seiner Nachbarin stellt. Empfindet die Frau das als Unverschämtheit und nicht als Zärtlichkeit, so kann das an der mangelhaften erotischen Ausstrahlung des Dreisten, aber auch an mangelnder Musikalität der Frau liegen. Wenn der Mann es jedoch bei dem gänzlich falschen Frauentyp versucht hat, so ist er selber unmusikalisch. Ihm ist nicht zu helfen. Musik ist eine Kupplerin ersten Ranges, vor allem bei uns in Deutschland. Die älteste Anekdote darüber, die ich kenne, ist die Sache mit Beethoven und dem Liebespaar. Der schüchterne Liebhaber wurde durch den Vortrag am Pianoforte des alten Brummbären so weit gelockert, daß er endlich, in das Klavierspiel hineinflüsternd, sich alles, alles vom Herzen redete, was für die Dame neben ihm bestimmt war. Jeder hätte ihm verziehen. Beethoven, der Jähzornige, warf den Klavierdeckel zu, rief: »Für solche Schweine spiele ich nicht!« und stapfte davon. Trotzdem hat er die ganze Musik nachher der jungen Braut gewidmet. Es muß ihm gedäm-

merert haben, daß er da Handlanger von etwas Außerordentlichem geworden war.
Der arme Schüchterne aber, dem kein Beethoven die Zunge löst? Er tut sich schwer. Es ist ihm nicht gegeben, zu einer Frau, die er anbetet, etwas Nettes zu sagen, etwa »Du bist das bezauberndste Geschöpf, das in ein Paar Schuhen geht« oder »Ich schenke dir alle Sterne aus der Milchstraße«. Hingegen kommt es vor, daß er, von einem Kuß berauscht, den zu vollziehen er soviel Kraft gebraucht hat wie ein Nanga-Parbat-Besteiger, plötzlich träumerisch fragt: »Tun dir auch immer die Zähne weh, wenn du bei Schokolade ein Stückchen Silberpapier in den Mund kriegst?« Auf unsere erstaunte Bejahung erwidert er stillbeseligt: »Siehst du, mir auch.« Er versucht damit jenem Zusammengehörigkeitsgefühl für die Ewigkeit Ausdruck zu verleihen, über das Abälard und Heloise so viele wunderbare Briefe gewechselt haben.
Jede Frau liebt an dem Mann, den sie erhört hat, die seltene Tugend der Dankbarkeit. Auch hierin ist der Schüchterne dem Draufgänger über. Der Routinier trägt zwar ein Armband aus unseren Haaren, aber so, daß man es sieht. Er ruft uns vom Büro aus an, um sich mit uns zu verabreden, und noch während er sagt: »Also um neun, ich kann es kaum erwarten«, lächelt er aus alter Gewohnheit seiner Sekretärin schmelzend zu, die mit dem Stenoblock danebensitzt.
Der Schüchterne ist ungeschickter. Er bringt kein Wort zum Lobe unseres neuen Kleides heraus, wenn er sich in dem Café erhebt, in dem wir uns mit ihm treffen, aber er feiert mit der Treue eines Ritters von König Artus' Tafelrunde alle jene erinnerungsschweren Daten, die sich in eine Liebesgeschichte

flechten wie Blumen ins Laub einer Girlande. Er feiert sie nach vier Wochen, nach einem halben Jahr und einem Jahr, manchmal sogar, wenn wir selbst sie schon vergessen haben. Diese Treue lieben wir an ihm. Wir verzeihen ihm auch verhältnismäßig leicht, wenn er seine schlechteste Seite herauskehrt, denn dies geschieht nur in einem Falle: Wenn er sinnlos eifersüchtig ist.

Der Routinier mag beißend ironisch, kühl distanziert oder überlegen tun, um sein Selbstgefühl nach einer Abfuhr wieder auszubalancieren – dem Schüchternen bleiben nur zwei Wege: Er kann mit brechendem Reh-Blick in die Einsamkeit verschwinden und in aller Stille seine Wunden belekken, oder aber er verliert den Kopf unter dem Ausmaß seiner Eifersucht. Er, der Sanfte, Anhängliche, Zärtliche, wird plötzlich brutal, er schont weder seinen noch unseren Ruf. Er gleicht einem verstockten Kind, das sich aus dem ersten Stock stürzen will, damit man es wieder lieb hat. Dann ist Eile geboten, sein verletztes Herz wieder zu trösten, ehe er Unheil anrichtet, denn nun ist er viel gefährlicher als der gewandteste Liebeskünstler.

Diejenigen unserer Schwestern, die dann noch glauben, aus Koketterie ihr Spiel fortsetzen zu müssen, sollte man dem Tierschutzverein anzeigen, und ich bin gezwungen, ihnen mein Mißfallen auszusprechen. Möge nie der Tag kommen, an dem sie sich aus diesem oder jenem Grunde alleingelassen sehen! Sie müssen dann nachsitzen und lernen, was die meisten von uns schon wissen: daß wir dankbar zu sein haben für jede Liebe, die uns entgegengebracht wird, und daß wir sie nicht fordern dürfen, sondern höchstens erhoffen.

Andere Länder – andere Männer

Die alleinreisende Engländerin, mit der ich in der Hotelhalle ins Gespräch kam, war eine der schönsten Frauen, die ich je gesehen hatte. Außerdem war sie geschmackvoll angezogen, und ihre Zehennägel waren im Ton ihres Lippenstiftes lackiert. Sie verdiente alle lobenden Prädikate, nur nicht die des Sanften, Lieblichen. In ihrem herrlichen, straffen Gesicht lag ein Zug wie der eines herabstoßenden Adlers. »Sie bereisen Europa«, fragte ich sie, »zu Studienzwecken?« – »In gewisser Weise ja«, sagte sie so sachlich, als hätte ich sie nach der Uhrzeit gefragt. »Ich will die Männer der anderen kennenlernen.«

Soviel Offenheit hat etwas Entwaffnendes. Ich hätte an ihrer Stelle zu einer schwächlichen Notlüge gegriffen und etwas über Kunst und Architektur des ausgehenden Mittelalters gemurmelt. Doch sind ja gerade die Töchter der nebeligen Insel dafür bekannt, daß sie sich mit staunenswerter Zähigkeit in Europa für viele Dinge entschädigen, die man ihnen zu Hause schuldig bleibt. Sie erreichen darin eine gewisse traurige Berühmtheit, und ich weiß sowohl von Ski-Orten in der Schweiz als auch von Seebädern am Mittelmeer, in denen die Jünglinge von sechzehn Jahren aufwärts vor anreisenden Engländerinnen versteckt werden, so wie seinerzeit die Söhne der Edlen von Karthago, damit sie nicht dem unersättlichen Moloch geopfert würden.

Für uns, die wir nicht über das Geld, die Zeit, die eiserne Gesundheit und die blechernen Moralbegriffe dieser schönen Raubvögel verfügen, aber trotzdem neugierig sind, dürfen sie als Vorkämpferinnen gelten. Ohne unseren Stopfkorb zu verlassen und unsere Ehen zu zerstören, können wir durch sie erfahren, was man als Frau an den Männern fremder Nationen besonders schätzt.

Die Gattin eines bebrillten Glatzkopfes, der Morgens lange hustet, hegt beispielsweise einen Wunschtraum, den sie für den schönsten hält: den feurigen, dunkellockigen Italiener. So ein Fischerjüngling aus Sorrent setzt die Füße mit der Grazie eines Tieres, und die Hose sitzt ihm auf eine Weise an den Hüften, daß man ganz vergißt, wie zerlumpt sie ist. Er hat prachtvolle Zähne und zeigt sie freimütig, oft und gerne, was manche Frau allzu persönlich auf sich bezieht. Auch wenn er singt, tut er dies nicht zu Ehren einer blonden Signora aus dem Norden (es kommt vor, aber meist nur in deutschen Farbfilmen), sondern aus Lebensfreude. Er singt so schön, daß es manchmal ist, als klänge die Landschaft selbst, und die Gattin des Kohlenhändlers, dessen Stimme sich nur zum Brikettzählen eignet, gerät außer sich. Während sie in gelöster Haltung auf der Hotelterrasse lehnt und zu ihm hinunterblickt, vergißt sie, daß der sehnige Adonis sich die Fingernägel nur ganz selten mit dem Zahnstocher reinigt, daß er grausam zu Tieren ist und daß er bereits eine Frau hat und zwei, drei reizende Bambini, die er vergöttert. Wenn also an eine Lösung zu denken ist, dann füglich nur an ein

Unhappy-End. Dabei darf man noch froh sein, wenn es bei einsamen Tränen in der südlichen Hafenbar bleibt. Ein Wall von Eifersucht umgibt den samtäugigen Sänger. Die junge Mutter der beiden reizenden Bambini findet ihn nämlich so charmant, daß sie um seinetwillen recht robust gegen zugereiste Damen werden kann. Vielleicht ist es aber auch eine dicke Alte, seine Mutter, die ihn aus den Klauen der verderbten großen Welt zu retten sucht. Die Dame aus dem Norden muß sehr vorsichtig sein. Von kochender Polenta, die jede Frau aus dem Volke stets zur Hand hat, bis zum Vitriol der raffinierteren Römerinnen kann ihr da allerlei ins Gesicht fliegen, das die Reize des animalisch lässigen italischen Mannswesens mehr als aufwiegt.

Noch weiter weg als Italien ist Spanien. So läßt sich nicht immer alles nachkontrollieren, was man über die dortigen Männer hört. Es halten sich daher bei uns manche irrigen Vorstellungen. Es ist unwahr, daß die besten Stierkämpfer, nachdem sie ihren Hut als Huldigung der schönen blonden Frau zugeworfen haben, sich ihr zuliebe in ruhiger Haltung vom Stier durchbohren lassen, den brechenden Blick auf sie geheftet. So etwas steht nur in Romanen, die von Nichtspaniern geschrieben sind. Die Stierkämpfer, deren kleidsame Tracht den biegsamen Gliedern dieser Spanier so sehr schmeichelt, leben genauso gern wie andere Leute. Außerdem finden sie die nordischen Frauen gar nicht so reizvoll. Sie sind zu höflich und wohlerzogen, um rundheraus zu sagen, wie tadelnswert sie oft die Arroganz, ja Aufsässigkeit finden, mit der wir in der Öffentlichkeit mit unseren Männern umspringen. Ihre eigenen sanften, fügsamen Täubchen mit dem blauschwarzen

Scheitel, die nur dann eisern regieren, wenn keiner zuschaut, sind ihnen viel lieber. Aus zuverlässiger Quelle wird mir berichtet, daß der stolze Spanier, der so herrlich erbleichen und mit den Zähnen knirschen kann, in der Liebe brutal und phantasielos ist. Er soll, ich wage kaum, dies zu kolportieren, die Frau nur so lange als höheres Wesen verehren, solange er sie nicht besitzt. Nun, behalten wir lieber unsere Illusionen über das, was wir am Spanier lieben!

Was für Männer gäbe es noch in Europa? Woher stammen die sanften, braunäugigen, die lebhaftfarbige Krawatten tragen? Vom Balkan im Zweifelsfalle. Die Frauen lieben an ihnen ihr putziges Deutsch, ihre geheimnisvollen Beziehungen zu balkanischen Fürstenhäusern, die keiner genau kennt, ihre Zärtlichkeit, ihre Geduld, ihre Melancholie. Seien sie nun Studenten, Exilpolitiker, Maler, Musiker oder Bildhauer – das Milieu, in dem sie sich aufhalten, wird in jeder wahren Frau einen Erdrutsch verschütteter Mütterlichkeit auslösen. Endlich kann sie alle fehlenden Knöpfe annähen, die Brandflecken, die der Spirituskocher in dem existentialistisch aussehenden Atelierraum hinterlassen hat, mit Tapetenresten zukleben – sie kann mit jemandem hungern, den sie liebt, oder ihm wundervoll improvisierte Mahlzeiten kochen. Sie kann ihn pflegen, wenn er krank oder unglücklich ist. Unglücklich ist er nämlich meistens, und das kann unter Umständen ein großer Reiz sein, weil die Frau, die ihn immer wieder aufrichtet, sich wie ein strahlender Engel positiver Lebensauffassung vorkommt, ohne es zu sein.

Natürlich kann sie ähnliche Romane auch mit Franzosen haben, besonders wenn diese in Paris unterm Dach leben. Auch sie malen oder modellieren gelegentlich. Auch bei ihnen kann sie sich stundenlang als der alleinige Brennpunkt ihres Interesses fühlen, dann nämlich, wenn sie ihnen Modell steht, wobei sich zwischen dem Darsteller und dem Darstellenden eine Art mystischer Union entwickelt, wie sie bei einem Kaffeehausgespräch undenkbar wäre. Auch die jungen Franzosen lassen die Welt um sich versinken, wenn sie mit einer Frau auf der Straße, in der U-Bahn oder im Park stehen, und sie sind hingebend zärtlich, auch wenn der Zeitungsmann, der alte Gelehrte und die Milchfrau zuschauen. Sei's drum, sie sind nicht gewillt, sich die Länge ihrer Küsse vorschreiben zu lassen. Dennoch ähneln sie durchaus nicht durchweg jenen Typen, die der Film bei uns populär gemacht hat. Nur wenige tragen eine Kreissäge, rollen die Augen wie Maurice Chevalier und schnalzen anerkennend »Oh-la-la«, wenn sie irgendwo eine hübsche weibliche Figur sehen. Nur wenige lieben düster vor sich hin wie einst Daniel Gelin und Jean Marais in ihren Rollen. Viele junge Franzosen sind sogar dem unbürgerlichen Dachkammerverhältnis ausgesprochen abgeneigt, sie heiraten früh und werden gute, fast ein wenig spießige Ehemänner. Das kann man kaum glauben, wenn man von ihnen in eine stark gewürtzte Komödie eines Boulevardtheaters geführt wird. Der Freimut, mit dem sie sich dort über die Gewagtheiten freuen, gehört zu ihrem Charme. Es ist für eine Frau immer peinlich, mit jemandem, der prüde ist, in ein saftiges Theaterstück zu geraten, der dann nicht weiß, wohin er schauen soll, und einen mit seiner Verlegenheit ansteckt. Ein Franzose setzt die Gegebenheiten als bekannt voraus und hofft, daß die Dame ebenfalls mit ihnen umzugehen weiß.

Viel schwieriger ist es bei einem Engländer. Daher führt er einen auch nicht so gern in die Kömödie, sondern lieber zum Pferderennen, zum Rugby-Spiel oder sonst zu einem sportlichen Ereignis. Zur Begrüßung sagt er: »Wie geht es Ihnen heute?« und meint, aus seinem Blick bräche die Hochofenglut seines Herzens. Aber sie bricht durchaus nicht. Die Dame empfindet ihn vielmehr als stumm, ja maulfaul und ist baß erstaunt, wenn er plötzlich beim Sieg seiner Sportmannschaft sich mit keltischem Gebrüll den Hut abreißt, um darauf herumzutrampeln. Vorübergehend kommt ihr die Hoffnung, diesen Ausbruch auch einmal auf dem Gebiet der Liebe an ihm beobachten zu können, aber da täuscht sie sich gewaltig. Auch wenn er sie nach einer rauschenden Ballnacht im Wagen nach Hause bringt, auch wenn der Vollmond am Himmel hängt wie eine reife Apfelsine, auch wenn er plötzlich den Motor abstellt und eine geladene Stille entsteht, wird er nach einer Weile nur fragen: »Es ist toll romantisch hier, wie? Macht es Ihnen etwas aus, wenn ich mir eine Pfeife anzünde?« Manche als Persönlichkeit nicht ganz gefestigte Frau meint nun verzweifelt, mit ihrem Sex-Appeal sei etwas nicht richtig, und wechselt den Schneider und die Kosmetikerin. Sie vergißt dabei, daß der Flirt ebensowenig des Engländers Stärke ist wie die Demonstrationen der Liebe. Unendlich liebenswert aber sind sein Stehvermögen, seine Treue und Geduld. Mit der gleichen rührenden Höflichkeit, die der Frau zu Anfang der Beziehung so ungenügend erschien, umgibt er sie noch nach zehn, zwanzig Jahren, und er zeigt im Hinnehmen weiblicher Unarten eine Seelengröße, die man nur bewundern kann. Keine Szene, die man ihm macht, bringt ihn außer Rand und Band. Bei den Romanen flöge bereits Geschirr, ja der Scheidungsanwalt träte in Aktion, da hat der liebende Engländer seiner Frau gegenüber noch nichts von seiner stoischen Freundlichkeit verloren.

Es ist auch keinesfalls wahr, daß man mit ihm kein Konzert besuchen kann, ohne daß er einschläft. Wenn er wirklich nach dem Adagio so laut und schnaufend atmet, daß man das Schlimmste befürchten muß, so hört man nachher beim Applaus zu seinem Erstaunen, daß er die Musik sehr genossen hat. In keinem Fall jedoch ist sie für ihn ein Bestandteil der Erotik.

Wie anders ist darin doch der Deutsche, der sich nach dem zweiten Aufzug von Wagners Tristan schwimmenden Auges zu seiner Partnerin wendet. Seine Seele ist unter den flirrenden Tonkaskaden aufgeweicht wie ein Blatt Gelatine. Er fühlt sich zu allem imstande, besonders aber zu einer Liebe bis in den Tod. Es ist schön, wenn auch die Dame so empfindet und nicht zufällig bei der Musik an den Küchenzettel für morgen gedacht hat. Im ersteren Falle wird sie seine Hand in der ihren dulden und ihren Druck erwidern. Der Händedruck und die erotische Hochspannung unterbleiben jedoch, wenn es sich bei dem Mann im Tristan um einen Musikfachmann handelt, der die Partitur mitliest und seine Umgebung durch leichtes Taktieren, Umblättern und Mitsummen nervös macht. Eine gleichgestimmte Frau jedoch liebt vielleicht an ihm

gerade diesen Fachmannseifer, der in unserem Vaterlande so häufig ist.
Eine böswillige Anekdote will wissen, daß eine in deutschen Gewässern auftauchende Nixe dem am Ufer sitzenden Angler zunächst ihren Fischschwanz zeigt, weil man bei uns die Männer beim Berufseifer packen muß. Dann erst taucht sie mit dem Oberkörper aus dem Wasser. Womit ich nicht gesagt haben will, daß nicht auch ein Fachmann etwas durchaus Liebenswertes sein kann, solange er unsere Unwissenheit toleriert. Wenn ein Elektrobastler die Tür schmetternd hinter sich zuschlägt und uns verläßt, bloß weil wir eine »Bananensteckerbuchse« für ein Faschingskostüm gehalten haben, dann war eben der Fachmann stärker als der Mensch.
Die hingebendsten, wundervollsten Männer scheint Amerika zu haben. Woher ich das weiß, ohne drüben gewesen zu sein? Aus den Reklamen ihrer Journale! Immer haben sie Pralinés oder Blumensträuße hinterm Rücken versteckt, wenn sie nach Hause kommen, und schnuppern verzückt nach den herrlichen Konserven, die ihre Frau für sie geöffnet und gewärmt hat. Weil sie jeden Morgen das vitaminhaltige Getreidemus frühstücken, werden sie sehr bald Bankpräsidenten und fahren so große Wagen, daß sie damit nur noch auf sehr breiten Boulevards umdrehen können. Außerdem sind sie für ihren Lebensabend hoch versichert, so daß sie später als reizende, weißhaarige alte Herren mit Mutti die ersehnte Europa-Reise machen können.
Sie meinen, da sei doch irgendwas faul und die Wirklichkeit ganz anders? Das mag sein. In der Jugend sieht man ihnen ihre späteren Möglichkeiten auch noch nicht an: Die jungen Amerikaner, mit

denen ich tanzen ging, standen immer höflich auf, wenn ich zu einem Tisch trat, und stießen mir dann unvermutet den Stuhl in die Kniekehlen, so daß ich mir auf die Zunge biß. Es galt bei ihnen als schlechter Ton, wenn eine Dame sich unassistiert selber setzte. Stets fiel mir auf, wie rasch sie unter Überspringung sämtlicher flirtähnlicher Zwischenstufen ihr Gesicht beim Tanz an meine Wange preßten und dabei mit dem restlichen Körper etwas nach rückwärts auswichen, was von weitem scheußlich aussah und die Linie eines Tanzpaares verdarb. Auf meine vorsichtige Anfrage nach dem Grund einer solchen Tanzhaltung wurde ich damals belehrt, daß es so doch moralischer sei als bei den Europäern. Noch verblüffter war ich, als ein tadellos erzogener amerikanischer Jüngling mir vorwurfsvoll sagte: »Jetzt kennen wir uns schon über vier Wochen, und sie haben mir noch immer kein Kompliment gemacht!« Das gab mir zu denken! Liegt hier vielleicht ein Fehler in unserer Erziehung, die uns lehrt, uns selber groß herauszubringen, das Objekt unserer Bemühungen aber stets wie feuchten Staub zu behandeln?

In einer Aufzählung der Männer der anderen darf ein Wort über die Ehemänner anderer Frauen nicht fehlen. Bei ihnen kommt es auf die Nationalität nicht an. Sie können, woher auch immer stammend, außerordentlich reizend sein, und man darf das Schicksal anklagen, das uns ihnen nicht rechtzeitig hat begegnen lassen. Ja, der fremde Mann darf dieser Klage sogar in einer besonderen Stunde zarten Ausdruck verleihen. Generell aber hat die Regel zu gelten, daß ein Gentleman mit seiner Verheiratung aus dem Liebesmarkt ausscheidet. Wenn er sich später nicht auf Sympathiekundgebungen für uns beschränkt, sondern sich auch noch über die ihm Angetraute zu beklagen beginnt, dann ist größte Vorsicht geboten. Wenn sein Taktgefühl ihn so weit verlassen hat, dann wird es ihn womöglich auch bei den Gelegenheiten verlassen, bei denen es noch mehr darauf ankommt. Abgesehen davon wird wohl keine Frau, die wider Willen zur Mitwisserin von Peinlichkeiten geworden ist, den in sie verstrickten Mann noch ebenso liebenswert finden wie vorher.

Der Fall kann aber auch anders liegen. Es gibt professionelle Ehebriganten, ledig oder verheiratet, mit einer geradezu hinreißenden Art, einer Frau das Gefühl zu vermitteln, daß ihr Volltrottel von Mann ihren Wert in keiner Weise zu würdigen imstande ist. Ihnen standzuhalten, fällt manchen Frauen recht schwer. Sie übersehen dabei, daß ihr Geschmack und ihr Urteil bei der Wahl besagten Volltrottels von diesem Marodeur ebenfalls verächtlich gemacht wird.

Aller Komplimente und Ehren wert ist mir der Mann, der mir, der bereits Verheirateten, nach der Feststellung, ich sei ihm nicht gleichgültig, niemals wieder davon spricht. Durch sein Verhalten deutet er an, daß er auch mir genügend Seelengröße zutraut, mich mit einem Schicksal abzufinden, das ebenso unabänderlich ist wie Sommersprossen oder das absolute Gehör. Wie sich die Frauen im einzelnen ihre Gemütslandschaft einteilen, braucht schließlich niemand zu sehen oder zu erfahren. Nicht alle sind so offenherzig wie Frau von F., die vor mir äußerte: »Gut, nur einen will ich glücklich machen – aber alle übrigen Männer sollen sich nach mir verzehren.«

In der Höhle des Löwen

An denjenigen Löwen, denen wir am blauen Bande in die Tiefe ihrer Höhlen gefolgt sind, um dort den Rest unseres Lebens mit ihnen zu verbringen, schätzen wir Eigenschaften, die zwar nicht gerade in krassem Widerspruch zu denen der Liebhaber stehen, die aber doch einen größeren Spielraum umfassen. So ein Leben ist eben lang und besteht aus vielen verschiedenartigen Situationen, nicht nur darin, daß der König der Tiere Beute anschleppt und wir ihn dafür hinter den Ohren kraulen.
Meist haben wir inzwischen schon gemerkt, wie er zu uns ist, aber wie verhält er sich zu Kellnern, Schaffnern, Bettlern oder zu Freunden, die ihn anpumpen? Läßt er sich schamlos ausnutzen und übervorteilen? Ist er brutal in der Art, wie er sein verbrieftes Recht wahrt?
Nur ganz wenige, mimosenhaft reagierende Frauen sind peinlich berührt, wenn er sich seiner Haut wehrt. Es ist ihnen zumute, als seien sie auf eine Reißzwecke getreten, wenn er etwa einer Blumenfrau nichts abnimmt, weil sie unverschämte Preise fordert, oder wenn er den Geschäftsführer kommen läßt, um über Nachlässigkeiten in der Bedienung zu schimpfen. Es wäre ihnen lieber, wenn er schweigend litte und abschließend verstimmt sagte: »In dies Lokal gehen wir nicht wieder.«
Dieser Frauentyp ist es auch, der haucht: »Komm,

Liebling, wir nehmen ein anderes Abteil«, wenn es in der Eisenbahn zu einer Kontroverse kommt. Andere wiederum sehen es nur zu gern, wenn der Mann in seiner Beschützerrolle die Augen rollt, sich auf das Doppelte seines Umfanges aufpustet und dazu übergeht, dem Kontrahenten den Schlips abzureißen. Gleiches gilt für sein Verhalten bei Verkehrszwischenfällen, bei denen zwar noch nichts passiert ist, aber der Inbegriff der heutigen Männerehre – der Karosserielack – angetastet worden ist. Um dieser Lack-Ehre willen fallen harte Worte, und manche Frau macht es glücklich, wenn ihr sonst korrekter und wohlerzogener Mann sich plötzlich aller Ausdrücke erinnert, die er beim Militär gelernt hat. Sie nähme es in Kauf, wenn diese Apostrophierungen, wie bei den Helden vor Troja, in einer Holzerei endeten.
Eines ist jedoch dabei unerläßlich. Ob durch Kampfesmut oder passiven Widerstand, der Mann unserer Wahl muß als moralischer Sieger aus dem Kampf hervorgehen. Hat man sich zu zweit in einem Hotel mehrere schlaflose Nachtstunden lang weißglühend geärgert, weil im Stockwerk darüber gehämmert und gepocht wird, so ist es schön und befriedigend, wenn der Mann sich im gleichen Ausmaß ärgert. Auf unsere zornbebende Aufforderung, den Marterpfahl unter Protest zu verlassen, wird er tatsächlich in die Hosen fahren und dem Hotel unter Hinterlassung eiskalter Abschiedsworte an den Nachtportier den Rücken kehren. Sagt er aber brummend: »Ich weiß nicht, was du hast. So schlimm war es doch nun wirklich nicht«, so ist damit zu rechnen, daß dieses Paar auch im zweiten Hotel nicht schläft, sondern sich aneinander ärgert.

Loyalität und Verständnis sind die zwei Züge, die eine Umfrage als die wichtigsten Vorbedingungen festgestellt hat, um ungestört den Tag der Goldenen Hochzeit zu erreichen. Gewiß, heutzutage hat die Loyalität andere Ausdrucksmittel als zur Zeit unserer Großeltern. In französischen Romanen forderte der wortkarg-edle Graf, dessen Gemahlin soeben die Nerven verloren und Impertinenzen verteilt hatte, den Herrn, der sich über diese Impertinenzen zu beklagen gewagt hatte, auf dreimaligen Kugelwechsel. »Ich halte«, so sprach er gelassen, »alles für richtig, was meine Frau tut oder sagt«, und schoß kaltblütig. Heute, wo Loyalität viel billiger kommt, wird sie paradoxerweise viel weniger geübt. Ich höre Ehemänner sagen: »Der Schlüssel zur Garage ist weg, den hat bestimmt meine Frau verbummelt, sie verbummelt nämlich immer alles.« Ich höre junge Väter ihre kleinen Söhne aufhetzen: »Na, Dicker, der Spinat, den Mami dir gekocht hat, schmeckt wohl nicht? Kann ich verstehen, laß das Zeug sein, ich hab' es auch nie gemocht!« Beides wären prächtige Gelegenheiten gewesen, im kleinsten Familienkreis loyal zu sein.

Ach, und das Verständnis! Das so oft mißverstandene Verständnis! Es besteht ja nicht darin, daß der aus dem Büro heimkehrende Mann auf die Haushaltsklagen seiner Frau »Du Ärmste!« sagt. Aber wenn er auf halber Höhe des Stripsenjochsattels das Abstiegstempo mindert und sich mit den Worten: »Na, schaffst du's?« an seine hinter ihm herkeuchende Ehehälfte wendet, wird sie sich verstanden, ja verwöhnt fühlen. Nur ganz außerordentlich sportlich gestählte Frauentypen erwidern auf so eine Frage mit eisig funkelndem Auge: »Etwa nicht? Ich habe übrigens meine Strickjacke oben auf der Schutzhütte liegen lassen und steige eben noch einmal die vier Stunden hinauf!«

Wenn unangemeldeter Besuch kommt, zum Beispiel ein Ehepaar, das man zehn Jahre nicht gesehen hat, wird der Verständnisvolle, der weiß, daß seine Frau gerade Strümpfe wäscht, sich eilig aus dem Sessel erheben, den Besuch abfangen und zum Sitzen nötigen und den geeigneten Moment erraten, in dem er hinauseilen und zu ihr sagen kann: »Altes, bleibe ganz ruhig und atme tief durch: Müllers sind da! Laß dir Zeit, ich habe ihnen schon einen Wermut eingeschenkt!«

So etwas sei doch selbstverständlich? Nein, das ist es nicht. Eine geheimnisvolle Gegnerschaft zwischen den Eheleuten flammt oft gerade in sochen Augenblicken auf und bewegt den Verständnislosen, die Tür zu der unaufgeräumten Küche aufzustoßen und Müllers mit dem hämischen Ausruf »Rat' mal, wer gekommen ist?« einen Einblick in die Kulissen zu gewähren.

Verständnis für die Köchin in seiner Frau ist es auch, wenn der Mann auf die Frage: »Was möchtest du denn gerne zu Mittag essen?« tatsächlich einen Vorschlag macht. Es ist nicht schön, aber häufig, daß er nach einem gleichgültigen: »Ist mir total wurst, mach irgendwas!« mittags dann plötzlich sagt: »Mein Himmel, schon wieder Spaghetti, können wir nicht mal zur Abwechslung was anderes essen!«

Ein Onkel von mir, sonst ein prachtvoller Hausvater, versagte in diesem Punkt des Verständnisses völlig. Über eine festliche Tafel mit etwa zehn Gästen hinweg rief er seiner Frau am anderen Ende

zu: »Hör mal, Helenchen, wieso gibt es denn plötzlich Obst, ich dachte, wir kriegen diese rosa Crème, die in der Speisekammer steht?«
Man muß seinen Mann sehr lieben, um ihn in einem solchen Augenblick nicht umzubringen. Wieviel leichter verzeihen wir seine Neigung, uns in die Wade zu zwicken, wenn wir ein Glas Gelee vom obersten Fach herunterheben, oder andere Unarten! Wird es gar zu schlimm, könnten wir ihm ja immer noch den Spruch von 1860 zur Kenntnis bringen, der da heißt:
»Seine Gattin oder Geliebte streichle man nicht so grob, daß für ihre Schönheit daraus ein Nachteil entstehen könnte, wie's eintritt, wenn man ihre Gesichtszüge quetscht und knetet, was demnach unterbleiben muß.«
Auch über eine gewisse Sorte systematischer Unordnung, die allen Männern eigen ist, muß so manche Ehefrau seufzend hinwegblicken. Und wenn sie sich in Abwesenheit des ihr Angetrauten seinem Allerheiligsten nähert, um eine Bestandsaufnahme seiner heilen Unterhosen vorzunehmen, gerät sie manchmal in eine Lage, die im Märchen vom Ritter Blaubart so fürchterlich aufgebauscht wurde.
Siehe da, da ist ja der Pullover, von dem sie glaubte, er sei damals am Gardasee liegengeblieben. Leider sind die Motten drin, weil er sich nie entschließen konnte, ihn zur Wäsche zu geben. Was, den uralten Hut hat er noch? Wozu denn, er setzt ihn ja doch nie auf! Und dort hinten – da sind ja die schönen Manschettenknöpfe, die er zum letzten Hochzeitstag bekam. Gefallen sie ihm etwa doch nicht? Was sollen die vielen leeren Kaffeebüchsen? Will er eine Käfersammlung anlegen? Der zerrissene Nicki, den

er nur noch zum Liegestuhlstreichen braucht, und die Bergstiefel liegen ganz vorn, dafür hat er die neuen Hemden nach hinten geknüllt, so daß man sie neu bügeln muß.
Mit leichter Unmutsfalte auf der Stirn wendet die Hausfrau sich dem Schreibtischschubfach zu. Und dort durchfährt sie der gleiche eisige Schreck wie Frau Blaubart mit dem Schlüsselbund und dem Schleppkleid. Was sind das für Briefe von weiblicher Hand mit unleserlicher Unterschrift? Was für Zettel mit Telefonnummern? Wer ist die Frau im Badeanzug auf dem Foto? Ist die selbstgeknetete Wachskugel etwa ein Andenken an eine verheimlichte Liebesgeschichte?
Ganz nebenbei stellt die Gattin, deren Welt ins Wanken gerät, noch fest, daß zwischen den aufgebogenen Büroklammern, die er als Pfeifenreiniger benutzt, den sieben Hustenbonbons und den Bleistiften ohne Spitzen auch noch die neue Brieftasche von Weihnachten liegt, die er noch immer nicht benutzt, weil er so an seiner alten, zerflederten hängt.
Zum Glück klärt sich alles harmlos auf, und der Aufschrei »Schwester Anna, Schwester Anna, siehst du nichts kommen?« ist überflüssig. Schon in wenigen Wochen wird er alle Zettel und Briefe zerreißen, die Wachskugel wegwerfen, ohne mit der Wimper zu zucken, und das Foto vom Betriebsausflug endlich an Herrn Meier weiterschicken.
In jedem Fall rührt soviel holde Schlamperei eher an unser Herz als an die verbissene Pedanterie des Allzuordentlichen. »Wer hat meinen Brieföffner in der Hand gehabt?« fragt dieser eisig, und jede normale Frau erzittert.

Nein, dann lieber den Bequemen, ja den Hilflosen, der seinen Koffer von uns packen läßt, damit er nicht verantwortlich ist, wenn das helle Paar Schuhe zu Hause liegenbleibt – und dessen Geschichten wir fertigerzählen müssen, weil er sich nicht mehr genau erinnern kann, was der ulkige Ober am Gardasee nun wirklich wörtlich gesagt hat.

In altbacken gewordene Ehegemeinschaften fuhr in früheren Jahrhunderten manchmal ein Windstoß und lockerte sie auf: Der Ritter zog zum Heiligen Grabe, der Kaufmann bestieg die Karavelle, die Rokokoschöne zog mit dem Ihrigen an den Hof, und das Auge des Königs fiel auf sie. Nun, wir haben in unserer Generation derartig viel heroische Abwechslung gehabt, daß es uns durchaus langt. Dennoch tritt gelegentlich ein Zustand ein, der uns den Unsrigen in neuem Lichte zeigt, nämlich wenn wir uns trotz Sulfonamiden und Penicillin ernstlich ins Krankenbett legen müssen. Siehe da, der Mann, der noch vorigen Oktober bei seiner Grippe ein unleidiger, unvernünftiger und abscheulicher Patient war, verwandelt sich in einen rührenden Pfleger. Er schleppt zwar gänzlich ungeeignete Dinge heran, um uns zu erfreuen, zum Beispiel Nahrungsmittel, die uns verboten sind, prall gefüllte Gummiwärmflaschen, die nicht ganz zugedreht sind, so daß nachher die Bettwäsche gewechselt werden muß, und Blumen, die er in eine Bierflasche zwängt, weil er die Vase nicht finden kann. Aber dafür sitzt er, der niemals Zeit hatte, den Hund auf die Straße zu führen, an unserem Lager und liest uns vor, wobei er sich oft verspricht und zwischendurch gähnt. Schwer zu überstehen sind nur jene halben Stunden, in denen er für uns kocht. Er reißt dazu sämtliche

Töpfe, Pfannen und Fleischmaschinen aus dem Schrank – wir erkennen es am Ton – und tritt heruntergefallenes Besteck rücksichtslos in den Boden. Dann aber kommt er, öffnet die Tür mit dem Ellbogen und sagt: »Alle großen Köche der Weltgeschichte waren, wie schon der Name sagt, Männer. Probier mal dies! Jetzt sollst du sehen, wie schnell du gesund wirst!«
Liegt es an unserer erhöhten Temperatur oder an der durch unsere Schwäche bedingten rührseligen Stimmung? Wir stellen fest, daß er der beste aller Männer ist, genaugenommen der einzige, die Krone der Schöpfung – ja, wenn wir tagelang nur Haferschleim gegessen haben und am Ende unserer Kräfte sind, dann sagen wir es ihm sogar. Insgeheim aber freuen wir uns, recht behalten zu haben mit unserer Wahl – damals, vor Jahren –, und das lieben wir am meisten an ihm.